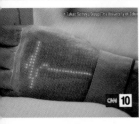

はじめに

　本書は、世界最大のニュース専門テレビ局である**CNNの人気番組**「**CNN10**」から、1本2分前後の**ニュース12本を選りすぐって収録**したものです。

　「CNN10」は、日本の英語教育関係者の間では、「CNN Student News」という以前の番組名で広く知られています。その旧名からも想像できるように、主にアメリカの高校生向けに制作されている10分間の番組で、世界のいろいろな出来事が、とても分かりやすく説明されています。興味深く、しかも簡潔にまとまっているそれらのニュースは、**日本の英語学習者にとっても最適のリスニング素材**と考えられているのです。

　本書のご購入者は、CNNの放送そのものである「natural」音声に加え、ナレーターが聞きやすく読み直した「slow」音声をMP3形式でダウンロードすることができます。ですから、初級者でも安心してリスニング練習ができます。

　また、紙版と同一内容の電子書籍（PDF版）を無料でダウンロードできるサービスも付いていますので、スマートフォンなどに入れておけば学習がとてもしやすくなるでしょう。取り上げた**ニュースの動画がご覧になれる**のも、本書の大きな特長です。

　昨年から今年にかけて、新型コロナウイルスの影響を大きく受けてきた世界の動きを英語で体感しながら、本書をぜひ学習に役立ててください。

2021年8月
『CNN English Express』編集部

本書の構成と使い方

本書では各ニュースが 3 見開き (6 ページ) に掲載されており、以下のように構成されています。

最初の見開き

番組のアンカー (司会者)
Carl Azuz (カール・アズーズ)。
ユーモアあふれる語り口が人気。

アクセント
「natural」音声の
CNN のアクセント
を示しています。

ニュースの背景
ニュースの背景や
基礎知識について
解説しています。

ニュースのトランスクリプト
CNN10 ニュースのトランスクリプト (音声を文字化したもの)。

語注

理解のポイント
分かりにくい部分の文法的な解説などの情報が記載されています。

中間 / 最後の見開き

音声のトラック番号
2 種類の音声が用意されています。「natural」は CNN の放送そのままの音声、「slow」は学習用にプロのナレーターが読み直したものです。

文の区切りを分かりやすくするため、／（スラッシュ）を入れてあります。

「インフレは一時的」という見方も　_{natural} 15　_{slow} 18　WORLD

The big question in all of this isn't whether inflation is taking place. / ₂It is. / ₃What's unknown is how long it will last and how high it will go. /

Some prominent economists believe that quickly rising prices will be a temporary thing. / One argues that when supplies of hard-to-find goods like computer chips and lumber drop back down to their normal levels, prices will too. / So the inflation would be temporary.

これら全ての大きな問題は、インフレが生じているかどうかではありません。／生じているのです。／不明なのは、それがいつまで続くのか、どれだけ高くなるかということです。／

急激な物価上昇は一時的なものになるだろうと考える著名な経済学者たちもいます。／ある人は、半導体や材木などの入手困難な品物の供給量が、通常の水準まで下がれば、価格も下がると主張します。／したがって、インフレは一時的だろう、と。

※半導体や材木などが世界中で品薄になっており、自動車販売や住宅建築などに大きな影響を及ぼしている。

通常な物価上昇率は 2% 前後だとされている。

question: 疑問、問題	prominent: 著名な、有名な	argue that: ～だと主張する
take place: 起こる	economist: 経済学者、経済専門家	supply: 供給（量）
unknown: 未知の、不明の	temporary: 一時的な	hard-to-find: なかなか手に
last: 続く、持続する		入らない、入手困難な

goods: 品物、商品
computer chip: 半導体
lumber: 木材
normal level: 通常の水準

☑ ニュースのポイント
* アメリカで消費者物価が上昇。
* このインフレ傾向が一時的なものかどうかが注目されている。
* 早く通常の水準に戻らないと、アメリカ経済に悪影響を及ぼしかねない。

📢 理解のポイント
①文 (=inflation) is (taking place) ということ。「イッティズ」のように is にアクセントが来て発音する。
③の主語は What's unknown、述語動詞は is、補語は how long it will last and how high it will go。

26　Inflation Fears Drive Down International Markets
インフレの懸念が世界市場に影響　27

ニュース番組の映像とそれに付随する情報を掲載しています。

Let's try to answer!
最後の見開きには、ニュースに関連した質問が入っています（サンプル回答は 88 ～ 99 ページに掲載）。

ニュースのポイント
中間の見開きには、内容をざっくりつかむために、ニュースのポイントをまとめてあります。

オンラインサービスについて（購入者特典）

下記のURLから（検索せずに、アドレスバーにURLを直接入力してください）、またはQRコードを読み取って、オンラインサービスの登録を行ってください。

https://www.asahipress.com/cnn10/fa21ag/

ニュース動画

本書で取り上げたトピックのニュースの動画を、無料で視聴（ストリーミング形式）することができます。学習にお役立てください。

ここが便利！

▶ 取り上げたニュースの完全動画を視聴できる。（書籍は各2分前後に編集）

▶ 字幕（英語・日本語・なし）を選べる。

電子書籍版（PDF）

スマートフォンやタブレット、パソコンなどで本書の電子書籍版（PDF）をダウンロードすることができます（音声データは含まれません）。

ここが便利！　▶ スマートフォンやタブレットなどに入れておけば、外出時に本を持ち歩かなくても内容を文字で確認することができる。

※ QR コードは（株）デンソーウェーブの登録商標です。

MP3 音声 (パソコンをお使いの場合)

パソコンなどで本書の MP3 音声をダウンロードすることができます。

音声 (スマートフォンをお使いの場合)

音声再生アプリ「リスニング・トレーナー(リストレ)」を使って、MP3 と同一内容の音声をスマートフォンやタブレットにダウンロードすることができます。

1

App Store または Google Play ストアでアプリをダウンロードする。

2

アプリを開き、「コンテンツを追加」をタップする。

3

カメラへのアクセスを許可する。

4

スマートフォンのカメラでこの QR コードを読み込む。

5

読み取れない場合は、画面上部の空欄に 01256 を入力して Done を押す。

6

My Audio の中に表示された本書を選ぶ。

7

目次画面の右上の「Play All」を押すと、最初から再生される。

8

特定の音声を再生したい場合には、聞きたいものをタップする。

9

音声が再生される。

効果的な学習法

「CNN10」は、主にアメリカの高校生向けのニュース番組です。とはいっても、ネイティブスピーカーを対象に制作されているため、話される英語のスピードは一般のニュース番組とあまり変わりません。英語の速さに慣れ、内容を理解するためには、以下の手順でトレーニングを行えば、より高い効果が期待できます。

Step **1** 〉 「ニュースの背景」に目を通して、英文（トランスクリプト）を見ずにナチュラル音声 ∩ で聞いてみる。

まずは細かい部分は気にせずに、全体的な内容をつかむ意識で、ひとつのニュースを通して聞いてみましょう。

Step **2** 〉 英文を見ながらもう一度音声 ∩ を聞き、聞き取れなかった箇所の音と文字を確認する。その上で、∩ の音声に合わせて自分でも音読してみる。

ネイティブの音声に合わせた音読は、発音の向上はもとより、読み飛ばしなどを防ぎ、正確なリーディング力の向上にも役立ちます。

Step **3** 〉 日本語訳を見て、自分の理解と照らし合わせる。

日本語訳・語注を参考にしながら、ニュースで話されている内容への理解を深めましょう。

Step **4** 〉 英文を見ずに ∩ のシャドーイングを行う。慣れたらナチュラル音声 ∩ にも挑戦する。

シャドーイングは、文字を見ずに、聞こえてきた音声をまねて自分でも言ってみるものです。リスニングとスピーキングの両方の力がつきます。

Step **5** 〉 「Let's try to answer!」を読み、自分なりの回答を考えてみる。

質問に対する答えをまず英作文して書き出し、次に声に出して言ってみましょう。ライティングとスピーキングの力がつきます。

CNN
Student
News

初級者からの
ニュース・リスニング

Non-Fungible Tokens Change the Digital Art World

非代替性トークンがデジタルアートを変える

希少性がアート作品の価値を生む

CNN REPORTER: Marcial is now one of the many digital artists around the world who have seen their lives turned upside down with the booming market for NFTs: the digital tokens that have fueled the rise of an unprecedented market for digital art. /

NFTs are unique digital tokens that can be traded on the Blockchain. / By associating infinitely copyable digital files with finite digital tokens, NFTs create scarcity. / And scarcity leads to value.

---

fungible: 代替（交換）可能な
token: しるし、証拠 ▶発行主が取引相手に交付する証券のようなデータのこと。
digital art: デジタルアート ▶コンピューターを使って制作された芸術作品のこと。

upside down: 逆さまに、ひっくり返って
booming market: 好景気の市場
fuel: ～を推進する、促進する
rise:（価格の）上昇
unprecedented: 前例のない

unique: 固有の、独自の
trade:（商品などを）売買する、取引する
Blockchain: ブロックチェーン ▶仮想通貨ビットコインを使用するためのソフトフェア。
associate: 提携する、連携する

NFT（非代替性トークン）は、芸術作品に押されたデジタルスタンプのようなもの。デジタル絵画や動画にNFTを結びつけることで、その所有者を証明することができる。他者もそのデータをダウンロードできるにもかかわらず、NFTのために金に糸目をつけない消費者もいる。一時的流行かデジタルアート世界の大変革になるかはまだ不明だが、アーチストが長らく望んできた芸術の使用料問題を解決する糸口になるかもしれない。

CNN10 - April 8, 2021

CNN BUSINESS.

EDITION 1 OF 1

CNN REPORTER ｜ アメリカ英語　　　　　　　　　　　　　　　難易度 ★★☆

CNN記者　マルシアル氏は今や、成長著しいNFT（非代替性トークン）市場によって生活が一変することを経験した、世界中にたくさんいるデジタルアーチストのひとりです。NFTとは、デジタルアートの新しい市場の価格上昇を促進したデジタルトークンです。/

　NFTは、ブロックチェーンで売買できる固有のデジタルトークンのことです。/ 無限にコピーできるデジタルファイルを、限定されたデジタルトークンと関係づけることによって、NFTは希少性を生み出します。/ そして希少性は価値につながります。

---

infinitely: 無限に
copyable: コピー可能な
finite: 限定された
create: 〜を作り出す
scarcity: 希少価値、欠乏
lead to: 〜につながる、〜を引き起こす
value: 価値、値打ち

👉 **理解のポイント**
①by+動詞の現在分詞で、「〜することによって」という意味になる。

natural slow
3 6

Beeple's historic $69 million auction has shaken the art world and led to an explosion of interest and dollars into the booming world of digital art. /

Osinachi's art might look like ② it could be hanging in an established gallery. / But for a Nigerian ③ living thousands of miles away from the rarefied galleries of New York City or London, that was an impossible dream.

オシナチ氏はナイジェリア人のアーチスト。最初は画像編集ソフトを知らず、Wordで作品を作るところから始めた。

Beeple ▶米国のアーチスト Mike Winkelmann のペンネーム。	**shake:** ～を震撼させる、揺るがす	**hang:** 掛かる、ぶら下がる
historic: 歴史的な	**explosion:** 急増、爆発	**established:** 常設の、定評のある
million: 100万	**interest:** 関心、興味	**gallery:** 美術館、画廊
auction: 競売、オークション	**dollar:** ドル、お金	**Nigerian:** ナイジェリア人

　Beepleの歴史的な6900万ドル（約75億円）のオークションはアートの世界を揺るがし、成長著しいデジタルアートの世界にとてつもない関心と金銭をもたらすことにつながりました。/

　オシナチ氏のアート作品は、定評のあるギャラリーに掛かっているようなものに見えるかもしれません。/ しかし、ニューヨーク市やロンドンの高尚なギャラリーから何千マイルも離れたところに住むナイジェリア人にとって、それはあり得ない夢でした。

6900万ドルで落札されたBeepleのコラージュ。

thousands of miles away:
何千マイルも離れて
rarefied: 高尚な、難解な
impossible: 不可能な、あり得ない
dream: 夢、理想

☑ **ニュースのポイント**
- NFT（非代替性トークン）によってデジタルアート市場が活況を呈している。
- 非代替性トークンとは、デジタル作品の所有権を証明するもの。
- 一部のアーチストはすでに恩恵を受けており、待望の使用料も払われるようになりつつある。

☛ **理解のポイント**
②のcould は「そのようなこともあり得る」というニュアンスの可能性を表す助動詞。
③のliving は現在分詞で、living thousands of miles away は後ろから a Nigerian を修飾している。

Now digital artists like Osinachi and Marcial are seeing
(4)
their work valued like never before. /

NFTs have also allowed for something artists have been
(5)
dreaming of for as long as art has existed — royalties. / On
many NFT sales, there are royalties paid out to artists on
(6)
secondary sales. / For artists, that's a sea change. /

For now a select few of the top digital artists around
the world like Marcial and Osinachi are seeing their lives
transformed.

メキシコシティに住むマルシアル氏は、かつては最大で250ドルだった作品に2万ドルの値がつくようになったと話す。

work: 作品	**allow for:** 〜を可能にさせる	**sale:** 販売
value: 〜を（高く）評価する	**as long as:** 〜の間	**secondary:** 二次的な
like never before: かつてないほど	**exist:** 存在する	**sea change:** 目覚ましい変化、大転換
	royalty: 使用料、印税	

オシナチ氏やマルシアル氏のようなデジタルアーチストは今、自分たちの作品がかつてないほど高く評価されるのを目の当たりにしています。/

NFTはまた、芸術が誕生してからずっと、アーチストたちが夢見てきたことを可能にしました —— 使用料という。/ NFTの多くの販売において、アーチストに二次販売の使用料が払われています。/ これはアーチストにとっては目覚ましい変化です。/

現段階では、マルシアル氏やオシナチ氏のような、世界トップの選ばれた少数のデジタルアーチストたちが、人生が一変することを経験しています。

芸術で暮らせるアーチストはほとんどいなかった。

for now: 今のところ
a select few: 選ばれた少数
transform:
〜を一変させる、すっかり変える

🚩 **Let's try to answer!**

Are you for or against the non-fungible token? Why?

👉 **理解のポイント**

④ の文は digital artists like Osinachi and Marcial が主語、are seeing が述語動詞、their work が目的語、valued が補語。
⑤は something (which/that) artists have been dreaming of と目的格の関係代名詞を補って考えるとよい。
⑥ paid は過去分詞で、下線部は後ろから royalties を修飾している。

Eventual Return to Normalcy

かつての日常に戻る「再開への不安」

家に閉じ込められた代償

natural 8 slow 11

CNN REPORTER: ①Confined largely to our homes, deprived of freedoms, experiences and human connections, somehow, we've mostly learned to get by. /

Now in countries with advanced vaccine programs, we must adapt again, to crowds, to conversations, to a pace of life that seems distant and personally a little intimidating.

---

eventual: やがて起こる
return: もとに戻ること、回復
normalcy: 正常 (な状態)
confine: 〜を閉じ込める
largely: 大部分は、主に
deprive A of B: AからBを奪う

freedom: 自由
experience: 経験、体験
human connection:
人とのつながり、人間関係
somehow: 何とかして
mostly: 大部分は、たいてい

get by: 何とかやっていく
advanced: 進歩的な
vaccine: ワクチン
program: 計画
adapt: (環境などに) 順応する
crowd: 人混み、群衆

パンデミック後の日常を取り戻しつつあるイギリスなどでは、いわゆる「再開することへの不安」を感じている人たちがいる。これは心理学の分野では新しい概念ではなく、社会と長期間隔絶された生活を送る宇宙飛行士などの間では、以前から見られた現象だ。日本ではそれほど厳しい制限を経験してこなかったが、徹底的なロックダウンを経てきた国々では、日常に戻るための社会的「筋力」を鍛える必要があるという。

News 02

CNN REPORTER | **イギリス英語**　　　　　　　　　　　　難易度 ★★☆

CNN 記者　ほとんど自宅に閉じ込められ、自由や経験、人とのつながりを奪われながらも、私たちは何とかやっていくことを覚えました。/

今、先進的なワクチン計画が進められている国では、私たちは再び順応しなければなりません。人混みや会話、生活のペースという遠く感じられ、個人的には少し怖いものたちに。

---

conversation: 会話
pace of life: 生活のペース
seem: 〜のように思える
distant: 遠く離れた、昔の
personally: 個人的には
intimidating: 怖い

👉 **理解のポイント**
① は 分 詞 構 文 で、While we have been confined...and have been deprived of...と考えるとよい。

「再開への不安」と呼ばれる現象

Psychologist Ana Nikčević says ②nervousness about returning to something like our old reality now has a name, re-entry anxiety. / But it's not new.

ANA NIKČEVIĆ (PSYCHOLOGIST): This phenomenon has been observed by psychologists before in people who have spent protracted periods of time in isolation. / For example, people who've gone, in um, the space.

内にこもり日常に戻るのをためらう傾向にあるなら、社会的「筋力」を鍛え直す必要があると話すニクチェビッチ氏。

psychologist: 心理学者、精神分析医	**reality:** 現実 **re-entry:** 再び入ること	**spend:** 〜を過ごす **protracted:**
nervousness: 緊張感、神経質	**anxiety:** 不安、心配 **phenomenon:** 現象、事象	長引く、長期化する **period:** 期間
return: 戻る、帰る	**observe:** 〜を観察する	**isolation:** 孤立 (状態)、分離

　心理学者のアナ・ニクチェビッチ氏は、かつての現実のような何かに戻ることへの緊張感には今では名前があり、それは「再開することへの不安」だと言います。／ しかし、これは新しい概念ではありません。

アナ・ニクチェビッチ（心理学者）　この現象は以前にも、心理学者によって観察されていて、長期化した期間を孤立状態で過ごした人々に見られました。／ 例えば、宇宙に行った人たちです。

ロックダウン当時の誰もいない地下鉄構内。

space: 宇宙（空間）

☑ ニュースのポイント

● 順調なワクチン接種に伴い、社会復帰に不安を感じる人々がいる。
● 心理学では、宇宙飛行士などにおいて以前から知られている症状だ。
● 長期間にわたる社会との隔絶は性格を変えてしまうことがある。

☞ 理解のポイント
②の主語はnervousness about returning to something like our old realityまで。

natural 10 slow 13

CNN REPORTER: Chris Hadfield understands why some people are feeling anxious. /

Hadfield says ₃he returned to Earth a different person and many of those ₄emerging from lockdown will also have experienced profound personal change. /

Everyone wants the pandemic to end but in a world where old certainties have been swept aside, we can't all be sure we'll want everything that comes next.

CHRIS HADFIELD
FORMER ASTRONAUT

国際宇宙ステーションに約半年間滞在した宇宙飛行士は、地球に帰還した時には違う人格になっていたという。

understand: 〜を理解する、〜に共感する **anxious:** 心配して、不安に感じて	**emerge:** 出てくる、姿を現す **lockdown:** ロックダウン、封鎖 **experience:** 〜を経験する **profound:** 重大な、深い	**personal:** 人柄の、人格の **change:** 変化 **pandemic:** 世界的流行病、パンデミック

CNN 記者　クリス・ハッドフィールドさんは、なぜ不安に感じる人がいるのか を理解しています。／

　ハッドフィールドさんは地球に帰還した時、自分は違う人格になっていたと話 し、ロックダウンから出てきた人の多くもまた、人柄の重大な変化を経験する だろうと言います。／

　誰もがパンデミックが終わってほしいと願っていますが、古くからある確実 性が崩れ去った世界において、私たち全員が次なるあらゆる出来事を望むか 確信が持てないのです。

一人で96日間ヨットの船上にいたピップ・ヘアー氏。

certainty: 確実性
sweep aside:
〜をさっと払いのける、一蹴する
sure: 確信して、自信がある

📍 **Let's try to answer!**

Have you ever experienced this kind of anxiety? If so, when?

☞ **理解のポイント**

③は he returned to Earth (as) a different person と語を補って考えるとよい。
④は those（ここでは「〜な人々」という意味 の代名詞）を後ろから修飾している。

Inflation Fears Drive Down International Markets

インフレの懸念が世界市場に影響

コロナからの回復がインフレを誘発

AZUZ: The U.S. government says consumer prices are up 4.2 percent from last year. / That's their biggest increase since 2008. / Just about everything's getting more expensive. /

One reason is that the American economy continues its rebound from ①the drop it took after ②the COVID pandemic set in. / But stocks in the U.S. and around the world have been dropping over the past couple days because investors are worried about continuing inflation.

---

inflation: インフレ、物価の持続的上昇	**consumer price:** 消費者価格、消費者物価	**continue:** 〜を続ける、継続する
fear: 懸念、不安	**increase:** 上昇、増加	**rebound:** 回復、反発
drive down: （価格などを）下げる	**just about:** ほとんど、大体	**drop:** （物価などの）下落
international market: 国際市場	**expensive:** 値段が高い	**COVID pandemic:** 新型コロナウイルスの世界的流行
	economy: 経済、景気	

アメリカではパンデミックが収束に向かう中で食料や衣類、日用品から、中古車やガソリン、航空運賃まであらゆるものの値段が一時期高騰。新型コロナウイルスの影響でモノやサービスの供給量が大きく減った一方で、経済活動が再開して一気に高まった需要に供給が追いつかずインフレを引き起こしたというのが原因だ。この物価上昇を懸念する声が聞かれるものの、一過性の傾向だろうと考える専門家も多い。

CNN10 - May 20, 2021

AZUZ｜アメリカ英語　　　　　　　　　　　　　難易度 ★☆☆

アズーズ　アメリカ政府は、昨年から消費者物価が 4.2 パーセント上昇していると言います。／これは 2008 年以来、最大の上昇です。／ほとんど全てのものが高くなっています。／

　理由のひとつは、新型コロナウイルスの世界的流行が始まってからの落ち込みから、アメリカ経済が回復を続けていることです。／しかし、アメリカおよび世界各国でここ数日、株価が下がっています。これは投資家が長引くインフレを心配しているためです。

set in: (病気・流行などが) 始まる
stock: 株、株式
around the world: 世界各国での
couple days: 数日、2〜3日
investor: 投資家
continuing: 継続する

☞ **理解のポイント**

①は the drop (which/that) it took と、目的格の関係代名詞を補って考えるとよい。
② after は従位接続詞で、the COVID pandemic が主語、set は動詞の過去形。

「インフレは一時的」という見方も

The big question in all of this isn't whether inflation is taking place. / It is. / What's unknown is how long it will last and how high it will go. /

Some prominent economists believe that quickly rising prices will be a temporary thing. / One argues that when supplies of hard-to-find goods like computer chips and lumber drop back down to their normal levels, prices will too. / So the inflation would be temporary.

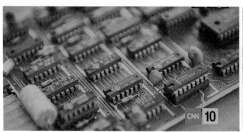

半導体や材木などが世界中で品薄になっており、自動車販売や住宅関連業などに大きな影響を及ぼしている。

question: 疑問、問題	**prominent:** 著名な、有名な	**argue that:** 〜だと主張する
take place: 起こる	**economist:**	**supply:** 供給（量）
unknown: 未知の、不明の	経済学者、経済専門家	**hard-to-find:** なかなか手に
last: 続く、持続する	**temporary:** 一時的な	入らない、入手困難な

　これら全ての大きな問題は、インフレが生じているかどうかではありません。/ 生じているのです。/ 不明なのは、それがいつまで続くのか、どれだけ高くなるかということです。/

　急激な物価上昇は一時的なものになるだろうと考える著名な経済学者たちもいます。/ ある人は、半導体や材木などの入手困難な品物の供給量が、通常の水準まで下がれば、価格も下がると主張します。/ したがって、インフレは一時的だろう、と。

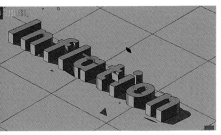

適切な物価上昇率は 2% 前後だとされている。

goods: 品物、商品
computer chip: 半導体
lumber: 木材
normal level: 通常の水準

☑ ニュースのポイント

● アメリカで消費者物価が上昇。
● このインフレ傾向が一時的なものかどうかが注目されている。
● 早く通常の水準に戻らないと、アメリカ経済に悪影響を及ぼしかねない。

👉 理解のポイント

③It (=Inflation) is (taking place) ということ。「イッ**ティズ**」のように、is にアクセントが来て発音される。
④の主語は What's unknown、述語動詞は is、補語は how long it will last and how high it will go。

Others are concerned that if the flow of goods doesn't get back to normal soon, Americans might stop shopping because things are too expensive. / ⑤That could really hurt the U.S. economy because it runs on consumer spending.

 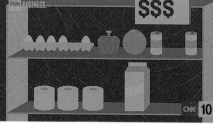

インフレが起こる要因としては、生産コストや人件費の上昇などのほか、需要が供給を上回ることなどが考えられる。

others: 他の人たち	**flow:** 流れ、流通	**hurt:** 〜に損害を与える
concerned: 憂慮して、心配して	**get back to normal:** 正常な状態に戻る	**run on:** 〜で動かす

News 03

　一方で、品物の流通が早く正常な状態に戻らないと、モノが高すぎるために アメリカ人が買い物をやめてしまうかもしれないと心配する人たちもいます。/ アメリカ経済は個人消費で動いているので、それはアメリカ経済にとって大打 撃になりかねません。

アメリカ経済にとって物価高騰は大打撃だ。

consumer spending:
個人消費、消費支出

🚩 **Let's try to answer!**

Do you feel that prices are rising in Japan? If so, give an example.

👉 **理解のポイント**

⑤の主語である代名詞 that が指すのは「長引 くインフレのためアメリカ人が買い控えをする ようになること」。助動詞 could は「そのような こともあり得る」というニュアンスで、確信度 の低い推測に使う。

Four Space Travelers Splash Down in the Gulf of Mexico

野口聡一さんらが宇宙から帰還

4人が国際宇宙ステーションから帰還

natural 20 / slow 23

AZUZ: ① Four travelers aboard a SpaceX Crew Dragon capsule arrived in the Gulf of Mexico after spending five months on the International Space Station.

CNN REPORTER: Space is supposed to be vast unless you were one of the 11 space explorers ② posing elbow to elbow recently on the International Space Station. / For NASA and SpaceX, it's one crew starting, and another one ending.

---

space traveler: 宇宙旅行者
splash down: （宇宙船が）着水する
Gulf of Mexico: メキシコ湾
aboard: （乗り物に）乗って
SpaceX: スペースX ▶2002年にイーロン・マスクが創設したア

メリカの航空宇宙メーカー。
Crew Dragon: クルードラゴン ▶スペースX社の有人宇宙船。
capsule: 宇宙カプセル ▶乗員を収容したままロケットなどから分離できる部分のこと。
arrive: 到着する

spend: （時間を）過ごす
International Space Station: 国際宇宙ステーション ▶略称ISS。
(be) supposed to: ～することになっている
vast: 広大な

野口聡一さんらを乗せたスペースXの宇宙船「クルードラゴン1号機」が5月2日にメキシコ湾に帰還した。4人の宇宙飛行士は2020年11月から約半年間、国際宇宙ステーション（ISS）に滞在していた。ISSは地上から約400キロメートル上空に建設された巨大な有人実験施設で、1周約90分の速度で地球を周回しながら実験や研究などを行っている。今後数年かけて、NASAとスペースXのクルーが交代でISSに滞在する予定だ。

CNN10 - May 4, 2021

AZUZ｜アメリカ英語　　CNN REPORTER｜イギリス英語　　　　　　　難易度 ★★☆

アズーズ　スペースX社のクルードラゴンの宇宙カプセルに搭乗した4人の旅人が、国際宇宙ステーションで5カ月を過ごした後に、メキシコ湾に到着しました。

CNN記者　宇宙は本来、広大です。あなたが最近、国際宇宙ステーションで肘を突き合わせながらポーズをとった11人の宇宙探検家の一人でない限り。/ NASA（米航空宇宙局）とスペースXにとって、任務をスタートさせる搭乗員がいれば、終える搭乗員もいます。

unless: 〜でない限り
explorer: 探検家、探検者
pose: ポーズをとる
elbow to elbow: 肘を突き合わせて、すぐ隣で
recently: 最近
crew: 搭乗員、クルー

☞ **理解のポイント**

①文頭が数詞で始まるとき、書く場合には数字ではなく英語でつづる。aboard は前置詞。
②posing は現在分詞で、下線部は後ろから the 11 space explorers を修飾している。

交代時期には11人の大所帯に

Add in two cosmonauts and a NASA astronaut who arrived on a Russian Soyuz spacecraft in April, and it was officially a full house in the floating space lab. /

Wiggle room will return to the ISS, with the departure of SpaceX's Crew-1. / Astronaut Shannon Walker says she's proud of ③what her team accomplished since they arrived last November.

4月にロシアの宇宙船ソユーズで宇宙飛行士が到着し、6人用のベッドしかない国際宇宙ステーションは11人の大所帯に。

---

cosmonaut: (特に旧ソ連・ロシアの) 宇宙飛行士
astronaut: (特にアメリカの) 宇宙飛行士
Soyuz: ソユーズ　▶旧ソ連・ロシアの3人乗り宇宙船。
spacecraft: 宇宙船

officially: 本格的に、はっきり言って
full house: 大入り、満員
floating: 浮いている
space lab: 宇宙実験室
wiggle room: (行動の) 自由

return: 戻る、回復する
departure: 出発
Crew-1: ▶2020年11月16日にケネディ宇宙センターから打ち上げられたクルードラゴンの有人運用飛行のミッション。

　4月にロシアの宇宙船ソユーズで到着したロシア人宇宙飛行士2人とNASAの宇宙飛行士が加わり、この空に浮かぶ宇宙研究所ははっきり言って満員でした。/

　スペースXのCrew-1の出発で、ISSに行動の自由が戻ってきます。/ 宇宙飛行士のシャノン・ウォーカー氏は、昨年11月に到着して以来、自分たちのチームが成し遂げてきたことを誇りに思うと話します。

新しい仲間の歓迎会についての野口さんの投稿。

proud: 誇りに思う
accomplish: 〜を成し遂げる、果たす
since: 〜以来

☑ **ニュースのポイント**

● 4人の宇宙飛行士を乗せた宇宙船クルードラゴン1号機がISSから無事帰還した。
● ISSには一時、11人もの宇宙飛行士が滞在し、過密状態となっていた。
● 宇宙でクルー仲間と過ごした時間は宇宙飛行士にとって忘れられない思い出だ。

☞ **理解のポイント**
③全体が、be proud ofの目的語になっている。

宇宙ステーションでの特別な時間

Crew-1's return is the first night splashdown of the U.S. crewed spacecraft since 1968. / But Walker says, her time aboard the Space Station is something she won't soon forget.

SHANNON WALKER (ASTRONAUT): What really is going to remain with me is the camaraderie and the friendship and the time that we have spent together. / The laughing that we do over dinners, the movie nights that we have had, have truly made this very special.

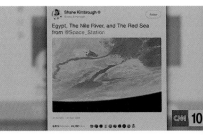

2020年11月に打ち上げられたCrew-1の仲間たち。帰還してノスタルジックな気分になったらCrew-2の投稿をチェック。

return: 帰還	**forget:** 〜を忘れる	**friendship:** 友情
splashdown:（宇宙船の）着水	**remain:** 残る	**laughing:** 笑い、笑うこと
crewed: 有人の	**camaraderie:** 仲間意識、同志愛	**over dinner:** 夕食をとりながら

News 04

　Crew-1の帰還は、1968年以来初めての、アメリカの有人宇宙船の夜間着水です。/ しかしウォーカー氏は、彼女が宇宙ステーションに滞在した時間は、すぐには忘れられない出来事だと言います。

シャノン・ウォーカー（宇宙飛行士）　私の中に間違いなく残るのは、仲間意識や友情、それに私たちが共に過ごした時間です。/ 私たちが夕食をとりながら笑ったことや、夜に映画を観たことは、この体験を真に特別なものにしてくれました。

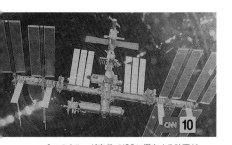

6つのクルーが交代でISSに滞在する計画だ。

movie: 映画
truly: 全く、本当に
special: 特別な

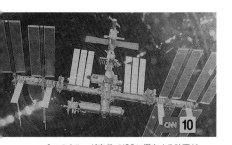 **Let's try to answer!**

Would you like to go on a space trip if you had the chance? Why?

☞ 理解のポイント
④ What really is going to remain with me が主語、is が述語動詞で、以下文末までが補語。

Radioactive Water in the Pacific

太平洋に放射性汚染水を放出

汚染水 100 万トン以上を放出する計画

natural 26 slow 29

AZUZ: Starting in Japan, there's a difficult decision and a controversy ①ahead of the Asian country. / It needs to get rid of contaminated radioactive water, more than 1 million metric tons of it. / Japan plans to treat this water and release it into the Pacific Ocean. /

A radioactive isotope ②called tritium will remain in the wastewater.

---

radioactive: 放射性の（ある）	**ahead of:** 〜の前に	**metric ton:**（メートル法の）トン
the Pacific (Ocean): 太平洋	**Asian:** アジアの	**plan to:** 〜する計画である
difficult decision:	**get rid of:** 〜を取り除く	**treat:** 〜を処理する
難しい決断	**contaminated:** 汚染された	**release:** 〜を放出する
controversy: 議論、論争	**million:** 100万	

日本政府は4月、東日本大震災で被害を受けた東京電力福島第一原子力発電所の放射性物質を含む100万トン以上の汚染水を処理して太平洋に放出する方針を決めた。汚染水は同原発の核燃料を冷却するために使用された水で、ほとんどの放射性物質をろ過して取り除くものの、トリチウムなどが残存する。海洋への放出は2年後に始まり、完了までに数十年かかる見通しだ。

CNN10 - April 22, 2021

AZUZ | アメリカ英語 難易度 ★ ★ ★

アズーズ 最初は日本から（のニュース）で、このアジアの国の前には難しい決断と議論が待ち受けています。/ 同国は放射性汚染水を取り除く必要に迫られており、それは100万トン以上に上ります。/ 日本はこの水を処理して太平洋に放出する計画です。/

　この廃水にはトリチウムと呼ばれる放射性同位体が残ります。

---

isotope: 同位体（元素）
tritium: トリチウム
remain: 残る、とどまる
wastewater: 廃水、汚水

👉 **理解のポイント**
① the Asian countryとは、定冠詞theがついていることから前出のJapanだと分かる。
② calledは過去分詞で、下線部はA radioactive isotopeを後ろから修飾している。

Japan's government says ③it has very low impact on people's health and that the concentration released will be lower than international standards. / ④A United Nations' official says this has been done before and that there's no harm to the environment but local fishermen strongly opposed the idea. /

And China and South Korea, two of Japan's closest neighbors, have voiced quote "grave concerns" about it.

2011年の東日本大震災で冷却装置が故障した福島第一原発の核燃料を冷却するために大量の水が使われた。

have an impact on: 〜に影響を及ぼす	**United Nations:** 国際連合、国連	**fisherman:** 漁師
health: 健康（状態）	**official:** 当局者、高官	**strongly:** 強く、断固として
concentration:（液体の）濃度	**harm:** 害、悪影響	**oppose:** 〜に反対する
international standard: 国際基準	**environment:**（自然）環境	**idea:** 考え、見解
	local: 地元の	**neighbor:** 隣人、隣国人

　日本政府は、人体の健康への影響は極めて少なく、放出される汚染水の濃度は国際基準より低くなると話しています。/ ある国連当局者は、これは以前にも行われたことがあり、環境への害はないと言いますが、地元の漁師はこの考えに断固として反対しています。/

　そして日本に最も近い2つの隣国である中国と韓国は、曰（いわ）く、「深い懸念」を表明しています。

News 05

漁業関係者は「風評被害が避けられない」と反発。

voice: ～を表明する
quote: 引用する
grave: 由々しき、憂慮すべき
concern: 懸念、心配

☑ **ニュースのポイント**

● 日本政府は福島第一原発の汚染水を海洋に放出することを決めた。
● 国は汚染水の濃度が国際基準を満たしていると主張しているが、漁業関係者は強く反対している。
● 中国と韓国は「深い懸念」を表明。事前に自分たちと協議すべきだとしている。

☞ **理解のポイント**

③の主語itは、「汚染水を太平洋に放出すること」を指している。
④不定冠詞Aはofficialが1人だということを示している。またUnited Nationsが所有格になると、複数名詞の所有格同様、United Nations'と単語の後ろにアポストロフィーがつく。

2年後に汚染水の放出を開始

natural 28 slow 31

They say Japan first needs to make full use of safe disposal methods and then needs to consult with them before emptying the water into the sea. /

The United States, a close ally of Japan, says ⑤ the Asian country appears to have found an approach in line with global standards. / If all stays on schedule, Japan will start releasing the water in two years.

処理された汚染水は東京電力が保有する巨大なタンクに保管されているが、2022年には満杯になる見通しだ。

first: まず第一に、最初に	**disposal method:** 処理（処分）方法	**close ally:** 友好同盟国
need to: 〜する必要がある	**consult with:** 〜と話し合う、協議する	**appear:** 〜のように見える、〜と思われる
make full use of: 〜を十分に活用する	**empty:** （中身を）出す	**find:** 〜を見出す、見つける
safe: 安全な		**approach:** 取り組み方、方法

両国は、日本は汚染水を海に流す前に、まず最初に安全な処理方法を十分に活用した後に、自分たちと協議すべきだと話しています。 /

　日本の友好同盟国である米国は、このアジアの国が世界基準に従った方法を見出したようだと述べています。 / すべてが予定通りにいけば、日本は 2 年後に汚染水の放出を開始します。

News 05

燃料棒を貯蔵して冷却するためのプール。

in line with:（慣習など）に従って
global standard: 世界（国際）基準
on schedule: 予定通りに

🚩 **Let's try to answer!**

Are you for or against releasing radioactive water into the Pacific Ocean?

👉 **理解のポイント**
⑤ the Asian country と定冠詞があることから、直前の日本を指すことが分かる。

Broadway to Reopen After COVID-19

コロナ後のブロードウェイ再開

アメリカ独立戦争以来の長期休業

AZUZ: Until coronavirus reached America in early 2020, the last time Broadway had been closed for more than a year had been during the American Revolution. / Even during the Spanish Flu pandemic of the early 20th century, which was far deadlier than COVID-19, Broadway stayed open.

Broadway: ブロードウェイ
▶米ニューヨーク市マンハッタンにある劇場エリア。
reopen: 再開される
COVID-19:
新型コロナウイルス感染症
reach: ～に及ぶ、達する

early: 初期の
last time: 最後に
closed: 休業した
during: ～の間に
the American Revolution:
アメリカ独立戦争（革命） ▶アメリカの13州がイギリスの支配から

独立した革命（1775-83）。
even: ～さえ、～ですら
Spanish Flu: スペイン風邪
▶1918年に発生したインフルエンザ。数千万人が死亡したとされる。
pandemic: 世界的大流行（病）
century: 世紀

2020年3月から休業を余儀なくされてきたブロードウェイについて、ニューヨーク州のクオモ知事が今年9月中旬に営業を再開すると発表。500以上の客席を持つ40の劇場から成るブロードウェイは休業前には毎週約25万人が訪れていたが、パンデミックを受けて俳優やダンサー、スタッフなど数万人の劇場関係者が職を失っていた。再開に当たっては劇場の換気の改善や、観客にマスク着用を義務付けることなどが検討されている。

CNN10 - May 6, 2021

Broadway

AZUZ | アメリカ英語　　　　　　　　　　　　難易度 ★★☆

アズーズ　2020年初めにコロナウイルスがアメリカに到達するまで、最後にブロードウェイが1年以上休業したのはアメリカ独立戦争の間でした。/ 20世紀初頭のスペイン風邪の世界的大流行は、新型コロナウイルス感染症よりはるかに死者が多かったのですが、その間でさえ、ブロードウェイは営業を続けていました。

News 06

---

far: はるかに、ずっと
deadly: 致命的な
open:（店などが）空いている、営業中の

📢 **理解のポイント**

①の主語は the last time (that) Broadway had been closed for more than a year、述語動詞は2つ目の had been 、補語は during the American Revolution。新型コロナのパンデミック以前の話なので、過去完了形が使われている。

natural 33 / slow 36

CNN REPORTER: Broadway now has the green light to reopen on May 19th but ②bringing shows back isn't as simple as just flipping on a light switch. / So New York's theater owners are instead, going to reopen in the fall. /

Broadway has been dark since March of last year with ③an estimated 100,000 people out of work.

ブロードウェイがこれほど長い間休業したのはアメリカ独立戦争以来。スペイン風邪が流行したときでさえ営業を続けていた。

green light: 青信号、ゴーサイン	**flip on a switch:** スイッチを入れる	**fall:** 秋
bring back: 〜を復活させる	**light:** 明かり	**dark:** 暗い、(劇場などが) 閉まっている
show: 上演、ショー	**theater owner:** 劇場所有者	
simple: 単純な、簡単な	**instead:** その代わりに	

CNN REPORTER | アメリカ英語

CNN記者 今では5月19日にブロードウェイを再開させる許可が出ましたが、ショーを復活させるのは明かりのスイッチを入れるほど簡単にはいきません。/ そのためニューヨークの劇場所有者たちは、今すぐではなく、秋に再開することにしています。/

ブロードウェイは昨年3月以来ずっと劇場を閉めており、推定で10万人が失業しています。

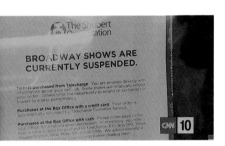

公演の中止を伝える張り紙。

since: 〜以来ずっと
estimated: 推測の、推定の
out of work: 失業して、失職して

☑ ニュースのポイント

● ブロードウェイはパンデミックの影響で2020年3月より休演している。
● ニューヨーク州知事が9月のブロードウェイ再開を発表。
● 公演の再開には数週間におよぶ準備が必要だとされる。

☞ 理解のポイント

②の文の主語は、bringing shows back。
③複数の数詞を形容詞（ここでは estimated）で修飾するとその前に冠詞が付く。形容詞がなければ、with 100,000 people out of work となる。

ショー再開には数週間の準備が必要

But relaunching Broadway shows requires weeks of advance preparation and production like rebuilding sets and costumes, bringing back staff, casting for the shows and then conducting rehearsals, plus time to sell the tickets. /

Even if theaters could get their cast and crew in place by the summer, social distancing restrictions remain in place for indoor venues. / That limits audience size and according to an industry insider, is a financial burden most Broadway shows can't handle.

各劇場には定員の100%の入場が認められるという報道もある。観客にワクチンの接種を義務付けることも発表された。

relaunch: 〜を再開する、再出発させる	**rebuild:** 〜を作り直す	**get...in place:** …を整える
require: 〜を必要とする	**set:** 舞台装置、大道具	**crew:** （一緒に仕事をする）チーム
advance: 事前の、前もっての	**costume:** 衣装	**restriction:** 制限、制約
preparation: 準備、用意	**cast:** (役を) 割り当てる ; 配役	**remain in place:** 依然として有効である
production: 製作、演出	**conduct:** 〜を行う、実施する	**indoor:** 屋内の
	rehearsal: リハーサル、練習	

　しかしブロードウェイの上演を再開するには、舞台装置や衣装を作り直してスタッフを呼び戻し、ショーの配役をした後にリハーサルを行うなど、数週間にわたる事前の準備と演出に加えて、チケットを販売する時間も必要です。/

　夏までに劇場がキャストやクルーを準備できたとしても、屋内の会場には依然としてソーシャル・ディスタンスの制約が残ります。/ それが観客数を制限することになり、業界の消息筋によれば、ほとんどのブロードウェイ劇場が対処できない経済的負担だといいます。

News 06

ニューヨークの観光産業に再び活気は戻るのか。

venue: 会場
limit: 〜を制限する
audience: 観客、観衆
according to: 〜によれば
industry insider: 業界の消息通
financial burden: 経済的負担
handle: 〜に対処する

🚩 **Let's try to answer!**

Are you for or against reopening Broadway in September? What are your reasons?

👉 **理解のポイント**
④ の文の主語は、relaunching Broadway shows。
⑤の助動詞couldは「仮にそんなことができたとしても」という仮定を表している。
⑥ That が指す具体的内容は「屋内施設にソーシャル・ディスタンスの制約が残ること」。

A World of Augmented Reality

拡張現実（AR）の世界が進化

CNN 10

マイクロソフトのMR装置が大きく進化

natural 38　slow 41

CNN REPORTER: Mixed reality has come a long way since Microsoft released the first HoloLens three years ago. / Many consumers though, will never have seen the changes leading ① up to the HoloLens 2. / That's because these devices are focused on the workplace, not on homes.

---

augmented reality:
拡張現実　▶現実にデジタル情報を合成して表示する技術のこと。略称AR。

mixed reality: 複合現実
▶ARを発展させた、現実世界の情報をバーチャル空間に反映させた技術。略称MR。

come a long way:
大きな進歩を遂げる

since: 〜以来

release: 〜を発表する

HoloLens: ▶米マイクロソフト社が開発するヘッドセット方式のMRウェアラブルコンピューター。

consumer: 消費者

ポケモンGOなどのゲームや映画鑑賞などエンターテインメントの世界ではすでにAR（拡張現実）が実現しているが、マイクロソフト社の販売するHoloLens 2は、ビジネスの現場に特化したMR（複合現実）デバイス。ヘッドセット型の端末を装着することで、機械の中の構造がどうなっているかや操作方法などが目の前に映し出される仕組みになっている。トヨタ自動車はすでに2020年より業務の現場にHoloLens 2を導入している。

CNN REPORTER | アメリカ英語　　　　　　　　　　　　　難易度 ★★★

CNN記者　複合現実は、3年前にマイクロソフト社が最初のHoloLensを発表してから大きな進歩を遂げています。/ しかしながら、消費者の多くはHoloLens 2に至る変化を目にしていないでしょう。/ それは、これらの装置が家庭ではなく仕事場に焦点を当てているからです。

change: 変化、変更
lead up to: 〜につながる
device: 装置、機器
focus on: 〜に焦点を合わせる
workplace: 仕事場、職場
home: 家庭、家

👉 **理解のポイント**
① leadingは現在分詞で、下線部は後ろからthe changesを修飾している。

_②Its target is what HoloLens creator Alex Kipman calls first-line workers: those jobs in industries like healthcare and the military that require manual work but would benefit from visual aids. /

I would actually be doing this manually. / So it would just be walking me through and showing me what to do, but I would be doing the actual work with my hand.

マイクロソフトが開発したヘッドセット型ウェアラブル端末HoloLens 2は、医療・軍事分野での活用が期待されている。

target: 対象 (にする)	**job:** 仕事、職	**manual work:** 肉体労働
creator: 考案者、創作者	**industry:** 事業、産業	**benefit from:**
call: 〜と呼ぶ	**healthcare:** 医療	〜から恩恵を受ける
first-line worker:	**military:** 軍、軍隊	**visual aid:** 視覚教材
現場の最前線で働く人々	**require:** 〜を必要とする	**actually:** 実際に

　ターゲットは、HoloLensを考案したアレックス・キットマン氏が「現場の最前線で働く人々」と呼ぶ人たちです。すなわち、手作業が必要でありながら、視覚教材から恩恵を受けるだろう医療や軍事などの産業の仕事です。/

　私はこれを実際に手作業で行うことになります。/ つまり、HoloLensはどうすればいいか一通り教えてくれるだけで、しかし実際の仕事は自分の手で行うことになるのです。

実際に装着して体験していたCNNレポーター。

manually: 手作業で、手動で
walk someone through:
（人に）〜について一通り説明する
show someone what to do:
何をすればよいか（人に）示す

☑ **ニュースのポイント**

● マイクロソフトがMRデバイスHoloLensの2代目を販売している。
● 医療や軍事業界の現場で働く人たちに役立ててもらうことを目指している。
● 初代のデバイスに比べて価格は高いが、性能は格段にアップしている。

👉 **理解のポイント**
②の主語はIts target、述語動詞はis、補語はwhat HoloLens creator Alex Kipman calls first-line workers.

業務用に特化することで道を切り開いた

Its \$3,500 price tag is geared to businesses rather than everyday consumers. / That cost brings significant advances. / One of the main criticisms of the HoloLens 1 was its limited field of view. / ③The HoloLens 2 more than doubles it. / It also has eye-tracking sensors, increased resolution from the equivalent of 720 per eye to a massive 2K and improved balance in weight. /

④By targeting a much smaller business-oriented audience, Microsoft has paved a path to bigger returns in mixed reality.

HoloLens 2 は 3,500 ドルという企業向けの価格設定になっている。機械が実際にどのように作動するか見ることができる。

price tag: 値札、価格	**cost:** 費用、価格	**more than double:**
gear to: 〜を対象とする	**significant:** 重要な、意義深い	〜を2倍以上に高める
business: 企業、業界	**advance:** 進歩、前進	**eye-tracking:** 視線追跡
rather than:	**criticism:** 批評、批判	**increased:** 増大した
〜というよりむしろ	**limited:** 限られた	**resolution:** 解像度
everyday: 普段の、日常の	**field of view:** 視野、視界	**equivalent of:** 〜に相当するもの

　3,500ドル（約40万円）という価格は、普通の消費者よりむしろ企業を対象にしています。／　その価格は重要な進歩をもたらしています。／　HoloLens 1 に対する代表的な批評の一つに、制限された視界というものがありました。／ HoloLens 2では倍以上に拡大しています。／　視線追跡センサーや、片目で720 から極めて多い2,000相当まで上がった解像度と、改良された重量のバランスも備えています。／

　（個人消費者より）ずっと少ない業務用の顧客をターゲットにすることで、マイクロソフトは複合現実でより大きな利益を得る道を開いたのです。

ポケモンGOは身近なAR（拡張現実）ゲーム。

massive: 大規模な、極めて多い
improved: 改良された
weight: 重さ、重量
business-oriented: 業務用の
audience: 観客
pave a path to: 〜への道を開く
returns: （投資などによる）利益

🚩 Let's try to answer!

Are you in favor of augmented reality being used in the workplace? Why?

👉 **理解のポイント**

③ more than doubles で「2倍以上にする」を意味する動詞だと考えると分かりやすい。
④比較級 a much smaller business-oriented audience の比較対象が明記されていないが、文脈から「個人」と比較して「企業」ユーザーの方が絶対数が少ないと述べていることが分かる。

Dogs Show They Can Detect a Virus

犬がウイルスを探知!?

犬がコロナを封じ込める強い味方に

natural 44　slow 47

CNN REPORTER: Man's best friend could be a new ally in the fight to contain coronavirus. / A new UK study says highly trained dogs in controlled conditions may be able to sniff out and identify COVID-19 infections in humans.

STEVE LINDSAY (DURHAM UNIVERSITY): Our previous work with using dogs showed that we were able to detect people with malaria by their scent. / So we thought, well, at the beginning of the pandemic, let's see whether our dogs could detect people with COVID.

---

detect: 〜を探知する、見つける	**UK:** イギリス	**sniff out:** 〜を嗅ぎ当てる
virus: ウイルス	**study:** 研究	**identify:**
ally: 協力者、味方	**highly:** 非常に、高度に	〜を識別する、確認する
fight: 闘い	**trained:** 訓練された	**COVID-19:**
contain:	**controlled condition:**	新型コロナウイルス感染症
〜を封じ込める、阻止する	管理された状態	**infection:** 感染症

コロナウイルスを診断するにはPCR検査と抗原検査という2つの選択肢がある。いずれも唾液を採取したり鼻から細胞を採取して、コロナに関連するタンパク質（抗原）を検出したり、酵素を使ってウイルスの遺伝子を検出したりする方法だ。しかし現在、犬に協力してもらい時間をかけずに正確に検査する方法が探られている。コロナによる制限が解かれ、人々が移動を始めるにあたり、これは非常に有効な方法だと関係者は話す。

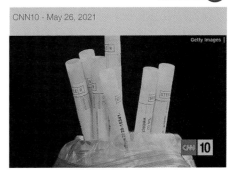

CNN10 · May 26, 2021
Getty Images

CNN REPORTER | イギリス英語　　　　　　　難易度 ★★☆

CNN 記者　人間の最良の友が、コロナウイルスを封じ込める闘いの新たな味方になるかもしれません。/ イギリスの最新の研究によると、高度な訓練を受けた犬は、管理された状態で、人間の新型コロナウイルス感染症を嗅ぎ分けて識別できるかもしれないといいます。

スティーブ・リンジー(ダラム大学)　私たちが犬を使って以前行った研究は、われわれがマラリアにかかった人をにおいで探知できることを示していました。/ それで、パンデミックの最初の頃に思ったわけです。私たちの犬がコロナウイルス感染者を見つけることができるかやってみよう、と。

News 08

human: 人、人間
previous: 以前の
work: 仕事、研究
malaria: マラリア
scent: におい、嗅覚
pandemic: 世界的流行病

👉 **理解のポイント**
①の助動詞 could は、確信度が低めの可能性を表している。

犬が「鼻差」でPCR検査に勝利

CNN REPORTER: The results of an early stage study, ②which hasn't yet been peer reviewed, say dogs picked up the scent of COVID-19 on the clothing of infected people, up to 94 percent of the time. / And they were even able to detect asymptomatic cases. / Standard PCR tests are the best tests for COVID-19 but they can't beat the dogs for the speed of the results. / The pups are winning that ③by a nose.

STEVE LINDSAY
DURHAM UNIVERSITY

感染者が保有するウイルス量の多寡にかかわらず、犬たちは非常に正確にウイルスを探知できると話すリンジー氏。

result: 結果、成果	**clothing:** 衣類	**asymptomatic:** 無症状の
early stage: 初期段階	**infected:** 感染した	**case:** 症例、患者
peer review: 査読する、同業	**up to:** 最大で〜まで	**standard:** 標準の、一般的な
者の審査を受ける	**... percent of the time:**	**test:** 検査
pick up:	…パーセントの確率で	
〜をとらえる、見つけ出す		

CNN記者　同業者の査読をまだ受けていない初期段階の研究結果によると、犬が最大94パーセントの確率で、感染した人たちの衣類から新型コロナウイルスのにおいをとらえたことが示されています。/ それに犬たちは、無症状の患者でさえも突き止めることができました。/ 標準のPCR検査は、新型コロナウイルス感染症の最良の検査ですが、結果の速さでは犬たちにかないません。/ 子犬たちはPCR検査に鼻差で勝っています。

混雑した場所ではにおいが消えてしまうなど課題も。

beat: 〜に先んじる、〜を負かす
speed: 速さ、スピード
pup: 子犬
by a nose: 鼻の差で

☑ ニュースのポイント

● 新型コロナウイルスの検査に、犬を使った新たな方法が探られている。
● 犬は高い確率で、瞬時にウイルスを嗅ぎ当てることができる。
● 多くの人が行き交う場所での利用も検討されているが、課題も残されている。

☛ 理解のポイント

②は主格の関係代名詞whichに導かれる節で、後ろからThe resultsを修飾している。
③の前置詞byは、ここでは程度を表す。犬の嗅覚の話なので、by a nose（鼻の先程度の小差）という表現を使用している。

6匹の犬が研究に「参加」

Six dogs participated in the study: a group of Labradors, Golden Retrievers and Cocker Spaniels ₍₅₎ trained for six to eight weeks to recognize the scent of the virus. / Researchers say dogs could one day be used in high-volume areas like airports and concert arenas to screen for infections. /

But critics say it could be hard for the dogs to match their success in the lab in the real world / since some scents in crowded areas quickly disperse. / There are pilot projects ₍₆₎ using COVID-19 sniffer dogs in airports ₍₇₎ underway in Finland, Germany and Chile.

空港やコンサート会場で犬が活躍する日がくるかもしれない。

研究に「参加」した6匹の犬たち。

participate: 〜に参加する	**airport:** 空港	**match:**
recognize:	**arena:** 競技場、アリーナ	〜と一致する、同じである
〜を識別する、分かる	**screen:** 検査をする	**success:** 成功、好結果
researcher: 研究者	**critic:** 批評家、評論家	**lab:**
high-volume area:		研究所、実験室 (＝laboratory)
交通量の多い場所		

　6匹の犬がこの研究に「参加」しました ── ラブラドールとゴールデン・レ
トリバー、コッカースパニエルのグループです、このウイルスのにおいを識別
するために6週間から8週間の訓練を受けています。/ 研究者は、いつか犬た
ちを使って空港やコンサート会場といった人の多い場所で、感染症の検査が
できる日がくるかもしれない、と言います。/

　しかし批評家たちは、犬たちが研究所での成功を現実の世界で再現するの
は難しいかもしれないと言います、/ なぜなら、混雑した場所ではすぐに消え
てしまうにおいがあるからです。/ 新型コロナウイルス感染症を嗅ぎ分ける犬を
使った空港での試験計画は、フィンランドとドイツ、チリで行われています。

フィンランドの空港で試験計画が行われている。

crowded: 混雑した、混み合った
disperse: 消える、消散する
pilot project: 試験計画
sniffer: においをかぐ人、（におい）探知器
underway: 進行中で

🚩 Let's try to answer!

Are you for or against using dogs to detect people with coronaviruses? Why?

👉 理解のポイント

⑤のtrainedは過去分詞で、下線部分は後ろ
からa group of...Spanielsを修飾している。
⑥usingは現在分詞で、後ろからpilot projects
を修飾している。
⑦は (which/that are) underway in...Chileと
主格の関係代名詞を補って考えるとよい。

News 08

Recycled Construction Materials Made from Trash

ゴミが建設資材に生まれ変わる

ペットボトルから建築物の材料を作る

CNN REPORTER: What do all these places have in common? / That they're all made partly from trash and designed by this man. / Arthur Huang is ①a Taiwanese architect, engineer, and co-founder and CEO of Miniwiz. / ②A company turning different kinds of waste like plastic bottles into materials for buildings and products across the world.

---

recycled: 再生利用する	**partly:** 部分的に	**engineer:** 技術者
construction: 建設、建築	**design:**	**co-founder:** 共同創設者
material: 材料、資材	〜を設計する、考案する	**CEO:** 最高経営責任者
trash: ごみ、廃物	**Taiwanese:** 台湾（人）の	**waste:** 廃棄物
have in common:	**architect:** 建築家、建築士	
共通点がある		

台湾出身の建築家アーサー・ファン氏はプラスチックごみを建築とデザインに役立てる取り組みを行っている。この人物は2017年にナイキとコラボし、「機能性と環境持続性」を兼ね備えたものとして、牛乳パックなど使用済み素材のみを原料に軽量シューズを製作したことでも知られる。すべてが循環すべきだとするファン氏は、「パンデミックによって人類はかつてないほど革新的であることを余儀なくされている」と述べている。

CNN REPORTER | アメリカ英語　　　　　　　難易度 ★★★

CNN記者　これらの場所に共通することは何でしょうか。/ どれも部分的にごみから作られていること、そして、この男性によって設計されていることです。/ アーサー・ファン氏は台湾人の建築家で技術者であり、Miniwiz社の共同創設者で最高経営責任者でもあります。/ 世界中でペットボトルなど異なる種類の廃棄物を、建物や製品の材料に変えている会社です。

---

plastic bottle: ペットボトル
building: 建物、建築物
product: 製品、商品
across the world: 世界中で

👉 **理解のポイント**

①の Taiwanese architect、engineer、co-founder and CEO of Miniwiz の4つは同一人物のことであり、このような場合、不定冠詞 a は肩書全部に対して1つ。

②は直前の名詞 Miniwiz を名詞句だけで説明している不完全な文。

プラごみを人工知能でリサイクル

Huang has spent the past 16 years innovating such transformation. /

His team has used waste to develop over 1,200 different materials for use in construction all over Taiwan's capital Taipei and beyond. /

Miniwiz has developed an AI recycling system to detect different kinds of plastic, which the Trashpresso, through heat and compression, can transform into new products.

Miniwiz社CEOのファン氏は台湾の建築家で技術者。プラスチック廃材から新しい素材を作る技術が注目されている。

innovate: 〜を革新する、（新しい技術などを）取り入れる
transformation: 変化、変換
develop: 〜を開発する
for use in: 〜で用いる、〜用に

all over: 全域にわたって
capital: 首都
beyond: 〜を越えて
AI: 人工知能（＝artificial intelligence）

recycling system:
再利用（リサイクル）システム
detect: 〜を見つける、発見する
Trashpresso: ▶Miniwiz社の太陽電池で動くポータブルのリサイクル機器。

　ファン氏はこの16年間、こうした変化を新しく取り入れてきました。/

　彼のチームは、廃棄物を使って1,200以上の異なる材料を開発してきており、それらは台湾の首都、台北全域および、台北を超えて建築で用いられています。/

　Miniwiz社は、異なる種類のプラスチックを検知する人工知能のリサイクルシステムを開発し、Trashpressoはそれらを熱と圧縮によって新しい製品へと変形させることができます。

太陽電池で動く移動式リサイクル機器。

heat: 熱
compression: 圧縮
transform: 〜を変換する、変形させる

☑️ **ニュースのポイント**

● 台湾の建築家が、プラスチックごみを建築資材にリサイクルする取り組みを行っている。
● 1,200以上の素材が開発され、台湾国内外の建築に使用されている。
● このプロジェクトは持続可能な未来を作るためのヒントを与えてくれる。

👉 **理解のポイント**

③ spend ＋O（時間）＋ doingの形で「〜するのにO（時間）を費やす」の意味。
④のteamは集合名詞。このようにチームという集合体が一丸となって行動している場合は単数扱いになる。

News 09

24 時間で組み立てられる病棟

    When the COVID-19 pandemic hit, Miniwiz turned their engineering skills to a different kind of transformation. / Huang worked with the Fu Jen Catholic University Hospital and other partners to develop ⑤the modular adaptable convertible, or MAC ward. /

    A portable version can be built from scratch in 24 hours, Huang says. /

    ⑥Adapting to a pandemic and also to environmental pressures, Huang's work shows how to create a more sustainable future.

MAC病棟と呼ばれる簡易共同病室は24時間で組み立てられ、物や人の移動が制限されるコロナ下で本領を発揮している。

COVID-19: 新型コロナウイルス感染症 **pandemic:** 世界的流行（病） **hit:** （病気などが）襲う **engineering skill:** 工学技術	**work with:** 〜と協力する、連携する **partner:** 提携企業、ビジネスパートナー **modular:** 組み立てユニットの、 モジュール（式）の	**adaptable:** 適応性のある、調節可能な **convertible:** 変換できる **ward:** 病棟、病室 **portable:** 持ち運びできる **version:** 型、バージョン

　新型コロナウイルスの世界的流行に見舞われたとき、Miniwiz社は自分たちの工学技術を違う種類の変形に向かわせました。/　ファン氏は、輔仁大学附属病院やそれ以外のパートナーと連携して、ユニット式の調整や変換が可能な、いわゆるMAC病棟を開発しました。/

　持ち運べる病棟が24時間でゼロから建設できる、とファン氏は言います。/

　パンデミックのみならず、環境の困難にも適応できるため、ファン氏の仕事はより持続可能な未来をどのように作っていけるかを示しています。

ペットボトルのキャップなどから新たな素材を作る。

from scratch: 一から、ゼロから
adapt: 順応する、適応する
environmental: 環境の
pressure: 圧力、困難
sustainable: 持続可能な

🚩 Let's try to answer!

How do you feel about living in a home made from recycled materials? Why?

👉 理解のポイント
⑤のように同一物の別名、別の呼び方などを表すときに「つまり/またの名を」の意味でor を使うことができる。
⑥は分詞構文で、Because / As Huang's work adapts to...pressures, と考えるとよい。

News 09

The NPO Behind Amanda Gorman

アマンダ・ゴーマンを育んだ NPO

孤立する少女たちを支える NPO

natural 56   slow 59

AZUZ: Our next subject today centers on a non-profit organization that was founded in Los Angeles 20 years ago. / At one point, ①almost one out of every five students in the L.A. public school system was dropping out before graduation.

KEREN TAYLOR (EXECUTIVE DIRECTOR, WRITEGIRL): Our goal is to really try and reach ②the most teens we can, that are in the greatest need. /

Since the pandemic, what we see is that young people have been slipping away. / Many of them are not showing up at school, online.

---

subject: テーマ、主題	**at one point:** 一時期	**graduation:** 卒業
center on: 〜を中心とする、	**one out of every...:**	**goal:** 目標、目的
〜に重点を置く	…人にひとり	**reach:** 〜に手を差し伸べる
non-profit organization:	**public school:** 公立学校	**(be) in need:**
非営利団体、NPO	**drop out:** 中退する、退学する	困窮している、困っている
found: 〜を設立する		

2021年1月にアメリカのバイデン大統領就任式で詩を朗読した少女、アマンダ・ゴーマンが10代の頃在籍していたのが、ロサンゼルスを拠点とする「WriteGirl」、家庭に問題を抱える少女たちを支援するNPOだ。現在では支援対象を少年にも広げ、これまでに数千人の若者を社会に送り出してきた。2020年のパンデミック以降、ティーンエイジャーたちが支援の手からこぼれ落ちてしまわないよう、オンラインでサポートを続けている。

CNN10 - May 7, 2021

AZUZ | アメリカ英語　　　　　　　　　　　　　難易度 ★★☆

アズーズ　今日の次の話題は、20年前にロサンゼルスで設立された非営利団体が中心になります。/ 一時期、ロサンゼルスの公立学校制度の5人に1人が卒業前に中退していました。

ケレン・テイラー (WriteGirl 事務局長)　私たちの目標は、最も必要としているティーンエイジャーにできるだけ多く手を差し伸べるようにすることです。/

　パンデミック以来、私たちが目にしているのは、若い人たちが静かに身を引いていることです。/ 彼らの多くが学校に、オンラインで姿を現していません。

News 10

since: ～以来（ずっと）
pandemic: 世界的流行（病）
slip away: 静かに去る
show up: 姿を現す
online: オンラインで

☞ **理解のポイント**
①この文の主語は、almost one out of every five students in the L.A. public school system。
②は teens...that are in the greatest need の teens が、the most...we can（できるだけ多くの）で修飾されていると考えるとよい。

Since March of last year, we have adapted all of our programs to be online. / Girls have been finding their way to us from Kentucky, Wisconsin, Florida, Mumbai, Brussels. /

One of our goals is to introduce girls to all different kinds of writing—journalism, fiction, poetry. /

At our songwriting workshop, the singer-songwriters will take the lyrics ③ that the girls wrote that day and then turn them into songs in front of their eyes.

大学進学を支えるプログラムから、少女たちが自ら作詞をしたりドラマの脚本を書いたりするワークショップまで幅広い。

adapt: ～を適応させる、変化させる	**different kinds of:** さまざまな種類の	**poetry:** 詩 **songwriting:**
program: カリキュラム、課程	**writing:** 書くこと、文筆	曲作り、作詞作曲
find one's way: たどり着く	**journalism:**	**workshop:** 勉強会、セミナー
introduce:	報道、ジャーナリズム	**singer-songwriter:**
～を紹介する、引き合わせる	**fiction:** 創作、小説	シンガー・ソングライター

　昨年の3月以来、私たちは自分たちのプログラムを全てオンラインに変えました。/ 少女たちはケンタッキー州、ウィスコンシン州、フロリダ州、ムンバイ（インド）、ブリュッセル（ベルギー）などから、私たちにたどり着きました。/

　私たちの目標の一つは、少女たちをさまざまな種類の執筆、すなわちジャーナリズム、小説、詩に引き合わせることです。/

　私たちの曲作りのワークショップでは、シンガー・ソングライターが少女たちがその日に書いた歌詞を取り上げて、その後、彼女たちの目の前で曲にします。

少女たちをサポートするテイラー氏。

lyrics: 歌詞
turn: 〜を変化させる
in front of:（人の）面前で

☑ ニュースのポイント

● 家庭に問題を抱えた少女たちを支援するNPO組織がロサンゼルスにある。
● 少女たちが社会から取り残されないようオンラインでサポートを続けている。
● バイデン大統領の就任式で詩を朗読したアマンダ・ゴールマンも、かつてこのNPOに在籍していた。

☞ 理解のポイント

③は目的格の関係代名詞thatに導かれる節で、後ろからlyricsを修飾している。

News 10

アマンダ・ゴーマンも4年間メンバーだった

Amanda Gorman joined WriteGirl when she was 14. / Her and her twin sister were part of WriteGirl for four years. / She was always such a positive bright light, soaking up everything. /

When we saw her perform at the inauguration, we could see the same things that we really embody at WriteGirl represented in her: confidence, being willing to really be present.

14歳のときにNPOに参加したアマンダ・ゴーマンは、2021年1月のバイデン大統領の就任式で詩を朗読して一躍有名に。

join: ~に参加する、加入する	**bright:** 輝いている、明るい	**inauguration:** （大統領の）就
twin: 双子の	**light:** 光、輝き	任式 ▶ここでは、2021年1月の
(be) part of: ~の一員である	**soak up:** ~を吸収する	バイデン大統領の就任式のこと。
positive: 前向きな、積極的な	**perform:** 演じる	**embody:**
		~を具体化する、体現する

アマンダ・ゴーマンが「WriteGirl」に加わったのは、彼女が14歳のときでした。／彼女と双子の姉妹は4年間「WriteGirl」の一員でした。／彼女はとても前向きで光り輝いており、あらゆるものを吸収していました。／

　彼女がバイデン大統領の就任式で詩を朗読するのを見たとき、私たちが「WriteGirl」に込めていたまさにそのものを彼女が体現するのを見ました。すなわち自信や、そこに存在したいという強い意思を。

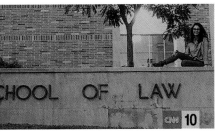

卒業生の中には、医師や弁護士などもいる。

represent: 〜を象徴する、意味する
confidence: 自信、信頼
(be) willing to:
〜する意思がある、〜に前向きである
present: 存在して、出席して

🚩 **Let's try to answer!**

How do you feel about the programs developed by the NPO? Why?

News 10

👉 **理解のポイント**

④文法的にはShe and her twin sisterが正しいが、ネイティブスピーカーはあまりそのような言い方をせず、実際にはこのように言うことも多い。
⑤は分詞構文で、and she was soaking up... と考えるとよい。
⑥weが主語、could seeが述語動詞、the same things that...at WriteGirlが目的語、represented in herが補語のSVOC文型。

Japanese Researchers Develop E-Skin Technology

日本の研究者が電子皮膚を開発

コンピューター制御の電子皮膚

natural 62　slow 65

CNN REPORTER: Wearing your heart on your sleeve or hand could be the future of healthcare monitoring, thanks to an electronic skin or E-skin with LED display designed by this man. / Professor Takao Someya is an expert in E-skin, an industry worth an estimated $4.5 billion in 2019.

---

researcher: 研究者	**heart:** 心臓、ハート	**thanks to:** 〜のおかげで
develop: 〜を開発する	**sleeve:** 袖	**electronic:** 電子技術の、コンピューター制御の
skin: 皮膚	**future:** 未来、将来	
technology: 科学技術、テクノロジー	**healthcare:** 医療の、健康管理の	**display:** ディスプレイ、表示
wear: 〜を身に着ける	**monitoring:** 監視、モニタリング	**design:** 〜を考案する、設計する

ウェアラブル技術が皮膚にまで迫りつつある。東京大学の染谷隆夫教授によって開発された電子皮膚「E-skin」は柔らかくしなやかなため、人間の皮膚に装着し、医師が離れた場所から患者の健康状態をモニターしたり、アスリートが別の場所から指導者に動きをチェックしてもらったりすることができる。人間に関する全ての情報を、いつでもどこでも、簡単に把握できるようにするのが最終的な目標だという。

CNN REPORTER ｜ アメリカ英語　　　　　　　　　　　難易度 ★★★

CNN記者　自分の心臓（ハート）を袖もしくは手に着けるのが、未来の医療モニタリングになるかもしれません。この男性が考案した、LEDディスプレイ付きの電子皮膚、すなわちE-skinのおかげで。/ 染谷隆夫（そめやたかお）教授が専門とするE-skinは、2019年には45億ドル相当の産業だったと推定されています。

professor: 教授
expert: 専門家
industry: 産業
worth: 〜の価値がある、〜相当の
estimated: 推測の
billion: 10億

☛ **理解のポイント**

①は動名詞句で文の主語となっている。
②のorは、an electronic skinの通称がE-skinであることを表す「つまり」という意味。with LED displayは、an electronic skin or E-skin全体にかかっている。
③は後ろからan electronic skin or E-skin with LED displayを修飾している。

News 11

音声認識や健康管理への活用を目指す

Here at his lab, the Someya Group Lab at the University of Tokyo, he and his team develop different types of E-skin and experiment with applications / including measuring facial expression for speech recognition, / and tracking biometric signals like a heartbeat and muscle movement to improve fitness and health, / especially for Japan's increasingly elderly population.

「E-skin」を開発した染谷氏。スマートフォンで文字を送ることもできるので、気持ちを伝えるためにも使ってもらいたいと話す。

lab: 研究所、実験室	facial expression: 顔の表情	heartbeat: 心拍
experiment: 実験をする	speech recognition:	muscle movement:
application:	音声認識	筋肉の動き
アプリケーション（ソフト）	track: 〜を追跡する、監視する	improve: 〜を改善する
measure: 〜を測定する	biometric signal:	fitness: 体の健康
	生体計測信号	

　　ここ、彼の研究室である東京大学の染谷研究室では、彼（染谷教授）と彼のチームメンバーが異なるタイプのE-skinを開発しており、彼らが行っているアプリケーションソフトでの実験には、/ 音声認識のために顔の表情を計測することや、/ 心拍や筋肉の動きなどの生体計測信号を監視することによって体力や健康を改善することなどが含まれます。/ とりわけ日本のますます高齢化する人口ために。

高齢者の在宅医療を実現するためのツールに。

health: 健康（状態）
especially: 特に、とりわけ
increasingly: ますます
elderly: 年配の
population: 人口

☑ **ニュースのポイント**
● 日本の研究者が、皮膚に装着するタイプのウェアラブル技術を開発。
● 医療やスポーツ分野での活用が期待されている。

☞ **理解のポイント**
④のincludingは前置詞。例を挙げるときにしばしば使われる。
⑤a heartbeat and muscle movementは、biometric signalsの2つの例。

The E-skin is made from an ultra-thin hypoallergenic nanomesh material with a gold layer. / It's attached to a patient's chest with some water and, Someya says, can be worn for a week at a time, picking up biometric signals like a heartbeat. / A specially designed belt with a wireless transmitter can send that heartbeat signal to a nearby smart phone, laptop, or directly to the cloud / which Someya says will allow doctors to monitor their patients remotely.

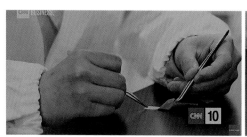

「E-skin」は極薄の素材で作られているため、それによって動きを制限されないというのも、この電子皮膚の利点だ。

ultra-thin: 極薄の	**layer:** 層	**belt:** ベルト、帯
hypoallergenic:	**attached:** 取り付けられて	**wireless transmitter:**
低刺激性の、低アレルギー性の	**patient:** 患者	無線送信機
nano: 10億分の1、ナノ	**chest:** 胸（部）	**nearby:** 近くの
mesh: メッシュ、網目の織物	**at a time:** 1回に	**laptop:** ノートパソコン
material: 素材、材料	**pick up:** 〜を受信する	

E-skin は、極薄の低アレルギー性ナノメッシュ素材と金の層でできています。/ 水で患者の胸に取り付けられ、染谷氏が言うところによると、1回に1週間装着することができ、心拍などの生体計測信号を受信します。/ 特別に考案された、無線送信機を備えたベルトは、その心拍信号を近くのスマートフォンやノートパソコン、もしくは直接クラウドに送ることができます。/ 染谷氏は、それによって医師たちはネット経由で担当患者の様子を観察し続けることができると言います。

テコンドーの梅原麻奈選手はトレーニングに活用。

directly: 直接に
cloud: クラウド・コンピューティング
allow A to B: A に B することを許す
doctor: 医者、医師
monitor: 〜を検査する、測定する
remotely: リモートで、ネット経由で

🚩 **Let's try to answer!**

Would you like to have your health monitored by the E-skin? Why or why not?

👉 **理解のポイント**

⑥は分詞構文で、and can pick up...と考えるとよい。

A Short Ride on the Hyperloop

「ハイパーループ」が初の有人試験運転

CNN **10**

磁気を利用した超高速輸送システム

natural **68** / slow **71**

AZUZ: Though R&D is moving ahead on the Hyperloop, ① an extremely high speed form of magnetic rail transportation, ② it's still unknown if it will make financial sense to build Hyperloop passenger networks. /

They may not be able to carry as many passengers as current trains and there are concerns about catastrophic accidents if something goes wrong. / So, what's going right?

---

ride: 乗車、ドライブ	**form:** 形態	**financial:** 財政上の、金銭上の
R&D: 研究開発 (=research and development)	**magnetic:** 磁石の、磁気の	**build:** 〜を建設する、建造する
move ahead: 進歩する、前進する	**rail transportation:** 鉄道輸送	**passenger:** 乗客
extremely: 極めて、非常に	**unknown:** 未知の、不明の	**network:** (道路などの) 網状組織、ネットワーク
	make sense: 意味をなす、道理にかなう	**current:** 現在の

米ヴァージン・ハイパーループ社が2020年11月、ネバダ州ラスベガス郊外の実験施設で、次世代の高速輸送システム「ハイパーループ」の初の有人試験運転を行った。これはテスラ社のイーロン・マスク氏が2013年に考案したポッドによる高速輸送というコンセプトを実現した輸送システムで、最高速度は時速1,000キロ以上に達し、ニューヨークからワシントンD.C.まで27分で移動できるとしている。2030年の開業を目指している。

CNN10 - April 27, 2021

AZUZ｜アメリカ英語　　　　　　　　　　　　　　　　　　　　　　　難易度 ★★☆

アズーズ　磁気を利用した超高速の鉄道輸送形態「ハイパーループ」の研究開発は進んでいるものの、そのための乗客輸送網を建設することが金銭的に意味があるのかは、まだ分かっていません。/

　それは現在の列車ほど多くの乗客を運ぶことができないかもしれず、何かが失敗したときの悲劇的な事故についての懸念もあります。/ それでは、何がうまくいっているのでしょうか。

---

train: 列車
concern: 懸念、心配
catastrophic: 壊滅的な、悲劇的な
accident: 事故
go wrong: 失敗する、うまくいかない
go right: うまくいく

👉 **理解のポイント**

①は直前の the Hyperloop の具体的な説明。
②の it は形式主語で、if 以下が it の具体的な内容を表している。

News 12

初めて乗客を乗せた試験運転

natural 69 slow 72

CNN REPORTER: November 8th, 2020, just outside Las Vegas, Nevada, Virgin Hyperloop passed another milestone in its ambitious journey to revolutionize the way we move. / It carried out its first passenger ride. /

Josh Giegel, CEO and co-founder of Virgin Hyperloop and Sara Luchian, the Director of Passenger Experience were ③ the first to test it out.

ラスベガス近郊の実験施設で初の有人試験運転が行われた。搭乗した二人の感想は「スポーツカーのような加速だった」。

just outside: 〜近郊で	**journey:** 旅、旅行	**carry out:**
pass another milestone in:	**revolutionize:** 〜に革命を	（計画などを）実行する
〜におけるもう一つの節目を通過	起こす、大変革を起こす	**CEO:**
する	**move:** 移動する、動く	最高経営責任者 (=chief
ambitious:		executive officer)
大望のある、野心的な		

CNN REPORTER | **イギリス英語**

CNN記者　2020年11月8日にネバダ州ラスベガス近郊で、ヴァージン・ハイパーループが、私たちの移動方法に革命を起こす野心的な旅におけるもう一つの節目を通過しました。／ 初めて乗客を乗せて運転を行ったのです。／

　ヴァージン・ハイパーループ社の最高経営責任者で共同設立者のジョシュ・ギーゲル氏と、乗客体験責任者のサラ・ルチアン氏が、それを最初に試す乗客となりました。

500メートルを約15秒で走行。最高時速は172キロ。

co-founder: 共同設立者
director: 取締役、重役
test out: 〜を試す、試行する

☑ ニュースのポイント

● 磁気を利用した超高速輸送システム「ハイパーループ」が初の有人試験運転を行った。
● 自動車の約10倍の速度で移動することができ、二酸化炭素排出量はごくわずかだとされている。

☛ 理解のポイント

③ the firstは、the first passengersという意味の代名詞として使われている。

natural 70　slow 73

Virgin Hyperloop is harnessing magnetic levitation technology and wants to take it to the next level.

JOSH GIEGEL (CEO &CO-FOUNDER, VIRGIN HYPERLOOP): It's this idea that ④being able to move ten times faster than, you know, a car and doing that for a fraction of the emissions. / ⑤Being able to connect, being able to move so many people, being able to save so many, I'll say tons of, emissions — is that — it's really going to open up a lot of opportunities.

次の100年の新しい輸送手段を実現し、持続可能な方法で乗客を目的地までスムーズに運ぶことを目指すギーゲル氏。

harness: （自然力を）利用する、役立てる magnetic levitation: 磁気浮上（式高速鉄道）	technology: 科学技術、テクノロジー take...to the next level: …を次の段階に進める	idea: 考え、アイデア fraction: わずか、ほんの一部 emissions: 排出物 connect: つながる

ヴァージン・ハイパーループは磁気浮上技術を利用しており、それを次の段階に進めたいと考えています。

ジョシュ・ギーゲル（ヴァージン・ハイパーループ 最高経営責任者兼共同設立者）　ほら、自動車の10倍もの速さで移動することができて、それがほんのわずかな（CO₂）排出でできるというアイデアです。／（人と）つながることができて、こんなに多くの人を動かし、多くの、言ってみれば大量の（CO₂）排出量を抑えることができる —— そのことは、たくさんのチャンスを広げてくれるでしょう。

脱炭素を実現する輸送手段になり得るか。

tons of: たくさんの、大量の
open up:（可能性などを）広げる
opportunity: 機会、チャンス

🚩 Let's try to answer!

Would you like to ride on the Hyperloop? Why?

👉 理解のポイント

④being able…a car と、doing that for a fraction of the emissions はいずれも、後ろから this idea の内容を具体的に説明している。
⑤では動名詞 being able to…が3つ並列されている。

News 12

「ハイパールーフ」が初の有人試験運転 | 83

ニュースを理解する
ための英文法

今回のテーマ | **動詞の語法②**

森勇作：全国各地の1部上場企業などで TOEIC 学習法の講演・指導を行っている。著書に『TOEIC® TEST 攻略の王道【リスニング編】』『TOEIC® TEST 攻略の王道【リーディング編】（朝日出版社）のほか、『Asahi WEEKLY』紙上でコラム「Weekly Pop Quiz 週刊英語クイズ」を連載中。多くの教育現場体験に基づいた説得力あふれる指導は、幅広い層から支持を集めている。

　ニュース記事を読んでいる際に、英文の構造が分からずに意味を把握しづらいと感じることがあります。その原因の一つとして動詞の語法が挙げられます。今回は少し難しいと感じた記事の一部に焦点を当て、動詞の語法を復習しましょう。

1 — associate「関係させる」(p.12)

By associating infinitely copyable digital files with finite digital tokens, NFTs create scarcity.

　この文を瞬時に理解するには、動詞associate（関係させる）の語法associate A with B「AをBに関係させる」、「AからBを連想する」を知っておく必要があります。

〈例文〉

People associate Seattle with rain, but it is still considered to be a
　　　　　　　　　 A　　　　 B
beautiful American city.

（人々は A シアトルと B 雨を結び付けて考える［連想する］が、それでも美しいアメリカの都市の1つと考えられている）

　この形を念頭に先ほどの英文を見ると、次のように解釈できます。

By associating <u>infinitely copyable digital files</u> with <u>finite digital tokens</u>,
A   B
NFTs create scarcity.

（_A無限にコピーできるデジタルファイルを_B限定されたデジタルトークンと関係づけることによって、NFT は希少性を生み出す）

　また、associate に限らず「A を B に関係させる」、「A と B を比較する」というニュアンスを持つ動詞は、V（動詞）+ A with B の形で用います。

＜V（動詞）+ A with B＞
● **connect A with B** 「A と B を関係づける」
We tend to connect success with hard work, but luck is often a factor as well.
（われわれは成功と勤勉を関係づける傾向にあるが、しばしば運も成功の要素である）

● **combine A with B** 「A と B を結びつける」
The undergraduate degree program combines education theory with practical classroom training.
（そのプログラムでは、教育理論と実務的な集合教育を組み合わせている）

● **compare A with B** 「A と B を比較する」
They compared the results from the treatment group with those from the control group.
（彼らは治療を受けるグループと対照的に治療を受けないグループの結果を比較した）

　このように似通った意味を伝える動詞は、同じ語法を取ることが多くあります。これを応用すれば、知らない語句の含まれる英文の意味を推測することに役立つでしょう。

2 — turn「変える」(p.60)

A company turning different kinds of waste like plastic bottles into materials for buildings and products across the world.

ここでも動詞の語法、turn A into B「A を B に変える」がカギを握ります。

〈例文〉

Years of disciplined training had turned her into a world-class athlete.
<u>　　　　　　　　　　　　　　　　　　　A　　　　　　B</u>

（長年の規律あるトレーニングのおかげで _A彼女は _B世界レベルのスポーツ選手になった）

この形を念頭に先ほどの英文を見ると、次のように解釈できます。

A company turning different kinds of waste like plastic bottles into
　　　　　　　　　　　　　　　　　A

materials for buildings and products across the world.
　　　　　　　　　B

（世界中で _Aペットボトルなど異なる種類の廃棄物を _B建物や製品の材料に変えている会社）

turn A into B「A を B に変える」と同じような意味を伝える動詞の多くは、V（動詞）＋ A into B の形で用います。

＜V（動詞）＋ A into B＞

● **change A into B** 「A を B に変える」

This appliance changes rice and water into steamed rice.

（この機械は米と水を蒸しご飯へと変える）

● **translate A into B** 「A を B に訳す」

She translates French documents into Japanese.

（彼女はフランス語の文書を日本語へと訳す）

● **divide A into B** 「A を B に分ける」

They divided the pizza into six pieces.

（彼らはピザを 6 切れに分けた）

3 ── 代表的な動詞の語法

　このように動詞の語法を知っていると、英文の構造に気づきやすくなります。ここまで紹介した語法以外の代表的な動詞の語法を紹介しておきます。

＜代表的な動詞の語法＞
● **V (動詞) + A of B** 　「AからBを奪う、取り除く」

〈例〉 deprive, cure, empty

Unfortunately, the clouds deprived us of the chance to view the peak of the mountain.

（残念ながら、雲のせいで山頂を見る機会を奪われた）

● **V (動詞) + A from B (-ing)** 　「AがB（動名詞）するのを妨げる、禁じる」

〈例〉 prevent, prohibit, discourage

You are prohibited from entering the museum if you are not wearing a mask.

（マスクをしていなければ、博物館への入場は禁止されています）

● **V (動詞) + A for B** 　「BのことでAに感謝する、非難する」

〈例〉 thank, blame, criticize

I don't blame you for wanting to stay at home on such a cold day as today.

（今日のような寒い日に家にいたいと思うことを責めないよ）

　今回はV（動詞）＋A＋前置詞＋Bの構文を中心に動詞の語法を確認しました。英文の構造が分かりにくいと感じるときは、おそらくAの部分が長くなっているため、動詞の語法に気づかないのでしょう。

　動詞を覚えるときには、意味だけでなくこのような語法も併せて覚えることで、英文を読む際に役立つだけでなく、英文を話したり書いたりする際にも大いに役立ちます。紙、オンラインを問わず辞書にも代表的な語法は紹介されています。ぜひ、手短なものを活用して動詞の語法を強化してください。

News 01 Non-Fungible Tokens Change the Digital Art World

Are you for or against the non-fungible token? Why?

（非代替性トークンに賛成ですか、それとも反対ですか。その理由は？）

> キーワード　**gain control over**（〜を支配する）　**despite**（〜にもかかわらず）
> 　　　　　　**concern**（心配）　**positive**（前向きな）

👍 I have several friends who are artists. I know how difficult it can be to make money as an artist. Therefore, it was great to learn how these NFTs can help artists earn money and gain more control over their work. Despite environmental concerns, I think this is a positive idea.

（私にはアーチストの友達が何人かいます。アーチストとしてお金を稼ぐことがいかに難しいかを知っています。なので、これらのNFTによって、アーチストがお金を得て自分たちの仕事をもっとコントロールできるようになることを知り、素晴らしいと思いました。環境面の心配はあるものの、前向きなアイデアだと思います）

> キーワード　**footprint**（足跡、天然資源の消費量）　**can ill afford**（〜の余裕はほとんどない）
> 　　　　　　**take steps**（対策を講じる）　**sound**（健全な、正常な）

👎 Although the sale of NFTs can help artists, I feel concerned about the environmental footprint of cryptocurrencies. At this point in history, we can ill afford a new carbon polluting industry. I hope steps are taken soon to make cryptocurrencies more environmentally sound. Until then, I can't say I'm for NFTs.

（NFTの販売はアーチストを助けるかもしれませんが、暗号通貨の環境への影響が心配です。歴史上の現時点において、私たちに新たな炭素公害産業を受け入れる余裕はありません。暗号通貨が環境にもっと優しくなるよう早く対策が講じられることを望みます。それまでは、NFTに賛成とは言えません）

News 02 Eventual Return to Normalcy

Have you ever experienced this kind of anxiety? If so, when?

（同じような不安を経験したことはありますか。あるなら、それはいつですか）

キーワード　anxiety（不安）　uncomfortable（落ち着かない）　risky（危険な）

👍 I experienced this kind of anxiety after remote working for a few months in 2020. When I first went back to my office, even ordinary things such as taking the train or face-to-face meetings with my co-workers felt uncomfortable and slightly risky. I'm okay again now, but it took a while to get back to normal.

（2020 年に数カ月間在宅勤務をしたときに、こうした不安を経験しました。最初にオフィスに戻ったときには、電車に乗ったり同僚と対面で打ち合わせをする、といった普通のことが落ち着かず、少し危険に感じました。今ではまた大丈夫になりましたが、普通に戻るのに少し時間がかかりました）

キーワード　break a leg（脚を骨折する）　stay in (a) hospital（入院する）
　　　　　　social situation（社会的状況）

👍 I experienced this kind of anxiety a few years ago when I was a student. One winter, I broke my leg skiing and had to stay in hospital for a while. When I finally went back to school, I remember it was very difficult to get used to social situations again.

（数年前、学生だった頃に、こうした不安を経験しました。ある冬、スキーをしているときに脚を骨折して、しばらく入院しなければなりませんでした。ようやく学校に復帰したとき、社会的状況にまた慣れるのにとても苦労したのを覚えています）

Inflation Fears Drive Down International Markets

Do you feel that prices are rising in Japan? If so, give an example.

（日本の物価は上がっていると思いますか。そう思うなら、例を上げてください）

| キーワード | **consumption tax**（消費税）　**hike**（値上げ）　**apart from**（〜は別として）　**rent**（家賃） |

👎 In Japan, prices seemed to go up a little after the last consumption tax hike, but apart from that, I don't feel that prices are rising. A lunch set in a restaurant still costs about the same as ten years ago, my rent hasn't gone up in years, and the cost of items such as clothes that I buy regularly seems to have gone down.

（日本では、前回の消費税引き上げの後に物価が少し上がったようでしたが、それを別にすれば、物価が上がっているようには感じません。飲食店のランチセットは今でもまだ10年前と同じくらいの値段だし、自宅の家賃は何年も上がっておらず、普段購入する衣類などの値段は下がっているようです）

| キーワード | **relatively**（比較的）　**in general**（概して）　**expressway**（高速道路） |

💡 Inflation is relatively low in Japan so I haven't noticed prices rising in general. However, there is one thing that seems to have gone up a lot in recent years − the cost of using expressways. Every time I use an expressway it seems to be more expensive than before.

（日本では比較的インフレが低いため、一般的には物価の上昇は認識していません。しかしながら、近年ずいぶん上がったように思えるものがひとつあり、それは高速道路を利用する料金です。高速道路を使うたびに、前回より高いように感じます）

News 04　Four Space Travelers Splash Down in the Gulf of Mexico

Would you like to go on a space trip if you had the chance? Why?

（機会があれば宇宙旅行に行きたいですか。その理由は？）

> キーワード　**definitely**（間違いなく）　**amazing**（素晴らしい）　**commercial**（商業の）
> **reality**（現実のこと）

👍 Yes, definitely. I'd jump at the chance to go on a spaceship. I think it must be such an amazing experience to look down at our planet from outer space. I'm really looking forward to the day when commercial space travel is a reality.

（はい、間違いなく。宇宙船に乗るチャンスには飛びつきます。宇宙空間から地球を見下ろすのは、どれほど素晴らしい経験だろうかと思います。商業的な宇宙旅行が現実になる日が本当に楽しみです）

> キーワード　**offer**（〜を提供する）　**claustrophobic**（閉所恐怖症を引き起こす）
> **brave**（勇敢な）

👎 Even if I was offered the chance to go on a spaceship, I'm not sure I would take it. Space travel is still very dangerous. Also traveling on a spaceship seems very uncomfortable and claustrophobic. I think astronauts must be very strong and brave.

（宇宙船に乗る機会を与えられたとしても、受けるかどうか自信がありません。宇宙旅行はまだ非常に危険です。また、宇宙船の旅はとても居心地が悪そうで閉所恐怖症になりそうです。宇宙飛行士はとても強く勇敢なのでしょう）

News 05 Radioactive Water in the Pacific

Are you for or against releasing radioactive water into the Pacific Ocean?

（放射性汚染水を太平洋に放出することに賛成ですか、それとも反対ですか）

> **キーワード** not exactly（必ずしも〜ない） alternative（代替案） storage（貯蔵）
> earthquake-prone（地震の多い）

🗨 I'm not exactly for releasing the water into the Pacific Ocean, but I can't see much other alternative. Storage is very expensive and, as the Fukushima power plant is in an earthquake-prone area, storing the water on land or in underground tanks may lead to even bigger problems in the future.

（汚染水を太平洋に放出することに、必ずしも賛成ではありませんが、他に選択肢があまり考えられないように思えます。貯蔵にはとても費用がかかり、福島原発は地震多発地域にあるため、汚染水を地上または地下のタンクに貯蔵することは将来、さらに大きな問題につながりかねません）

> **キーワード** for the time being（当分の間） might well（〜だろう）
> otherwise（別なふうに） convince（〜を説得する）

🗨 I'm against releasing the water for the time being. It might well be safe to do so, but there are many people in Japan and abroad who still believe otherwise. Before the government decides to release this radioactive water, they should make more of an effort to convince the public that it really is safe to do so.

（当分の間汚染水を放出することに反対です。そうするのは安全なのかもしれませんが、日本や海外にはそうではないと考える人たちがまだ大勢います。政府は放射性汚染水の放出を決める前に、そうするのが本当に安全だと国民を説得する努力をもっとすべきです）

News 06　Broadway to Reopen After COVID-19

Are you for or against reopening Broadway in September? What are your reasons?

(9月にブロードウェイを再開することに賛成ですか、反対ですか。その理由は何ですか)

> キーワード　definitely（間違いなく）　employ（〜を雇用する）
> get back to work（仕事に復帰する）

👍 I'm definitely for reopening Broadway. The theater industry in New York employs a lot of people. These people are not just actors and directors, but also people such as designers, security guards, and cleaners. They want to get back to work as soon as possible.

(私は間違いなくブロードウェイを再開することに賛成です。ニューヨークの劇場産業は多くの人々を雇用しています。これらの人々は俳優や監督ばかりでなく、デザイナーや警備員や清掃作業員などもいます。彼らはできるだけ早く仕事に復帰したいのです)

> キーワード　safety（安全性）　consider（〜を検討する）　out-of-date（旧式の）
> update（〜を最新のものにする）

👎 I think there are still some safety questions to be considered before reopening Broadway. Will theatergoers have to wear masks? Will proof of vaccination be required? And have out-of-date air filtration systems been updated? In order to keep everyone safe, I think it is important to answer these questions before reopening.

(ブロードウェイを再開する前に、検討すべき安全性の問題がまだいくつかあると思います。演劇ファンはマスク着用を義務づけられるのか。ワクチン接種の証明は必要とされるのか。そして旧式の空気清浄装置は最新のものになっているか。皆の安全を守るためには、再開する前にこれらの問題に答えることが重要だと思います)

A World of Augmented Reality

Are you in favor of augmented reality being used in the workplace? Why?

（仕事場で拡張現実が用いられることに賛成ですか。その理由は?）

キーワード	perform an operation（手術を行う） impaired vision（視覚障害）
	perform a task（作業を行う）

👍 I'm in favor of augmented reality being used in the workplace. For example, I can imagine it being used to help train doctors to perform operations. I also heard it can help people with impaired vision perform tasks more easily. This would help create a more barrier-free work environment.

（仕事場で拡張現実を使用することに賛成です。例えば、医師が行う手術の訓練を手助けするために使われることが想像できます。また、視覚障害者がもっと楽に作業できるよう拡張現実は補助できると聞きました。そのことはバリアフリーな職場環境を作るのを助けてくれるでしょう）

キーワード	security（セキュリティー） implications（影響）
	when it comes to（〜に関して言えば） substitute（〜を置換する）

👎 I am a little worried about the security implications when it comes to augmented reality. I read there's a possibility hackers could substitute the information on the screen for different data or even cut off the data completely. Imagine if this were to happen to a doctor performing an operation, or a pilot flying a plane? It could be very dangerous.

（拡張現実に関して言うと、セキュリティーの影響が少し心配です。ハッカーがスクリーンの情報を異なるデータに置換したり、完全にデータを削除したりする可能性があるとどこかで読みました。これが手術中の医師や、飛行機を操縦中のパイロットに起きたとしたら、と想像してみてください。それは非常に危険かもしれません）

News 08 Dogs Show They Can Detect a Virus

Are you for or against using dogs to detect people with coronaviruses? Why?

（犬を使ってコロナウイルスに感染した人間を見つけることに賛成ですか、反対ですか。その理由は？）

| キーワード | trial（実験）　false positive（偽陽性）　detain（〜を拘束する）
inconvenience（不都合） |

👎 Using dogs doesn't seem like a good idea to me. All the test results still have to be confirmed by lab testing. In the trials there were a lot of false positives so many people would end up being detained unnecessarily. This would obviously cause a lot of stress and inconvenience.

（犬を使うことは、私にはあまりいい考えだとは思えません。検査結果はそれでもすべて臨床検査で確認する必要があります。実験では偽陽性が多かったため、結局多くの人が不必要に拘束されることになります。これは明らかに多くのストレスと不都合を生じさせるでしょう）

| キーワード | effective（効果的な）　ethical（倫理的な）　no longer（もはや〜でない） |

🫳 Even if it's effective, I'm not sure if it is ethical to use dogs like this. I wonder where the dogs come from, where they live, and what happens to them when they are no longer useful. I would need the answers to these questions before I can say if it's a good idea or not.

（それが効果的だとしても、犬をこのように使うのが倫理的なのか確信を持てません。犬たちはどこから来て、どこに住み、彼らがもう役に立たなくなったらどうなってしまうのか。よいアイデアかどうか言える前、こうした疑問に答えてもらう必要があります）

Recycled Construction Materials Made from Trash

How do you feel about living in a home made from recycled materials? Why?

（リサイクルされた材料で作られた家に住むことについてどう思いますか。その理由は？）

キーワード	**a great deal**（たくさんの量） **pollution**（汚染物質）
	repurpose（〜を別の用途に使う） **existing**（既存の）

👍 I would be more than happy to live in a home made from recycled materials. Creating new building materials requires a lot of energy and creates a great deal of pollution. It seems a much better idea to repurpose existing materials instead.

（私は喜んでリサイクルされた材料で作られた家に住みたいです。新しい建築資材を作るには多くのエネルギーが必要で、大量の汚染物質を生み出します。代わりに既存の材料を別の用途に使う方が、はるかに良い考えのように思えます）

キーワード	**regulations**（規定） **strict**（厳しい） **resist**（〜に耐える）
	withstand（〜に耐える） **conventional**（従来型の）

💡 I'm a little worried about safety. Building regulations in Japan these days are very strict, and new construction materials are designed to resist fire and withstand earthquakes. If I could be sure that a house made from recycled materials was as safe as a conventional home, I would be happy to live in one.

（私は安全性について少し心配です。最近では日本の建築基準法はとても厳しく、新しい建築資材は耐火および耐震設計になっています。リサイクル資材で作られた家が従来型の家と同じように安全だと確信できれば、そうした家の一つに喜んで住みたいです）

News 10　The NPO Behind Amanda Gorman

How do you feel about the programs developed by the NPO? Why?

（このNPOが開発したプログラムについてどう思いますか。その理由は？）

> キーワード　**amazing**（素晴らしい）　**focus on**（～に重点を置く）
> **find one's voice**（やっとしゃべり出す）　**gain confidence**（自信がつく）
> **effectively**（効果的に）

🖒 I think these programs look amazing. They seem to be focused on helping the young people find their voices and gain the confidence to express themselves effectively. These are both such necessary skills that will help them succeed in the future. I think it would be good for schools in Japan to also teach these skills.

（これらのプログラムは素晴らしいと思います。若い人たちが自分の声を取り戻し、自信をつけて自分を効果的に表現するのを助けることに重点を置いているように見えます。どちらも、彼らが将来成功するのに役立つ不可欠なスキルです。日本の学校でもこれらのスキルを教えるといいと思います）

News 11 Japanese Researchers Develop E-Skin Technology

Would you like to have your health monitored by the E-skin? Why or why not?

（E-skin に自分の健康状態をモニターしてもらいたいですか。その理由は？）

キーワード　**health issue**（健康問題）　**bulky**（かさばった、ゴワゴワした）　**wire**（ケーブル）

I don't have any special health issues right now, but I would be happy to have my health monitored with E-skin if I did. A while ago, my father had to wear a heart monitor for 24 hours. It was bulky with lots of wires. I think E-skin would have been much easier to wear. And it looks cool, too.

（私は現時点では特別な健康問題はありませんが、もしあったら自分の健康状態をぜひE-skinにモニターしてもらいたいです。少し前に、父が24時間、心電図モニターを装着しなければなりませんでした。それはケーブルがたくさんついていて、かさばりました。E-skinの方がはるかに装着しやすかっただろうと思います。それに、見た目も格好がいいです）

キーワード　**sci-fi movie**（SF 映画）　**practical**（実用的な）　**relative**（親類）
　　　　　　caregiver（世話をする人）

E-skin looks like something out of a sci-fi movie. But it seems very practical and useful. In Japan, these days, we have an aging population. Many of these people live alone. Through the use of E-skin technology, relatives and caregivers would be able to easily check that their loved ones were safe and well.

（E-skinは、まるでSF映画から出てきたようなものに見えます。でも、とても実用的で役立ちそうです。近頃、日本の人口は高齢化しています。高齢者の多くは独り暮らしです。E-skinの技術を用いることで、親戚や世話をする人たちは愛する人が無事で元気であることを簡単に確認できるようになるでしょう）

News 12　A Short Ride on the Hyperloop

Would you like to ride on the Hyperloop? Why?

（ハイパールーフに乗車してみたいですか。それはなぜですか）

キーワード　**existing**（現存する）　**means**（手段）　**concern**（懸念）

👍 I would love to ride on the Hyperloop. I like the fact that it's so fast and also better for the environment than many other existing means of transport. I understand that some people might have concerns about its safety, but that is the same with every new form of technology.

（ぜひともハイパールーフに乗ってみたいです。とても速く、また他の現存する多くの交通手段より環境に優しいという事実が気に入っています。安全について心配な人たちがいるかもしれないことは理解できますが、それはどの新しい技術の形態でも同じです）

キーワード　**appreciate**（～を評価する）　**break down**（故障する）
　　　　　　prefer（むしろ～の方を選ぶ）

👎 I appreciate the fact that the Hyperloop is fast and environmentally safe, but I'm not in a hurry to ride on it yet. I wonder how safe it is? I wonder what would happen if it were to break down? I would prefer to wait until it has been tested more fully.

（ハイパールーフが速くて、環境面で安全だという事実は評価しますが、まだ急いでそれに乗ろうとは思いません。果たしてどれだけ安全なのでしょうか。もし故障したらどうなるのでしょうか。私はもっと十分に試験されるまで待つ方を選びます）

重要ボキャブラリー

ニュースで取り上げた重要ボキャブラリーをまとめてあります。訳語の後ろの数字は、その語いが出てくるニュースの番号を示しています (例：N01=News 01)。これらを覚えるだけでも、英語ニュースの理解に必要な語いを増やすことができます。

A

□**aboard:** (乗り物に) 乗って　N04
□**accomplish:** ～を成し遂げる、果たす　N04
□**according to:** ～によれば　N06
□**actually:** 実際に　N07
□**adapt:** (環境などに) 順応する；～を適応させる、変化させる　N02, N09, N10
□**advance:** 事前の；進歩、前進　N06, N07
□**ally:** 協力者、味方　N08
□**ambitious:** 大望のある、野心的な　N12
□**anxiety:** 不安、心配　N02
□**appear:** ～のように見える、～と思われる　N05
□**architect:** 建築家、建築士　N09
□**argue that:** ～だと主張する　N03
□**associate:** 提携する、連携する　N01
□**astronaut:** (特にアメリカの) 宇宙飛行士　N04
□**asymptomatic:** 無症状の　N08
□**augmented reality:** 拡張現実　N07

B

□**beat:** ～に先んじる、～を負かす　N08
□**benefit from:** ～から恩恵を受ける　N07
□**beyond:** ～を越えて　N09
□**billion:** 10億　N11
□**booming market:** 好景気の市場　N01
□**bright:** 輝いている、明るい　N10
□**business:** 企業、業界　N07

C

□**carry out:** (計画などを) 実行する　N12
□**case:** 症例、患者　N08
□**catastrophic:** 壊滅的な、悲劇的な　N12
□**center on:** ～を中心とする、～に重点を置く　N10
□**certainty:** 確実性　N02
□**come a long way:** 大きな進歩を遂げる　N07
□**concern:** 懸念、心配　N05, N12
□**conduct:** ～を行う、実施する　N06
□**confidence:** 自信、信頼　N10
□**consult with:** ～と話し合う、協議する　N05
□**consumer:** 消費者　N07
□**contain:** ～を封じ込める、阻止する　N08
□**contaminated:** 汚染された　N05
□**controversy:** 議論、論争　N05
□**convertible:** 変換できる　N09
□**cost:** 費用、価格　N07
□**create:** ～を作り出す　N01
□**crewed:** 有人の　N04
□**criticism:** 批評、批判　N07
□**current:** 現在の　N12

D

□**deadly:** 致命的な　N06
□**deprive A of B:** AからBを奪う　N02
□**design:** ～を設計する、考案する　N09, N11
□**detect:** ～を見つける、探知する　N08, N09
□**develop:** ～を開発する　N09, N11
□**device:** 装置、機器　N07
□**disperse:** 消える、消散する　N08
□**distant:** 遠く離れた、昔の　N02
□**drop:** (物価などの) 下落　N03

E

□**early:** 初期の　N06
□**economy:** 経済、景気　N03
□**elbow to elbow:** 肘を突き合わせて、すぐ隣で　N04
□**elderly:** 年配の　N11
□**electronic:** 電子技術の、コンピューター制御の　N11
□**embody:** ～を具体化する、体現する　N10
□**emerge:** 出てくる、姿を現す　N02
□**emissions:** 排出物　N12
□**engineering skill:** 工学技術　N09
□**environment:** (自然) 環境　N05
□**equivalent of:** ～に相当するもの　N07
□**established:** 常設の、定評のある　N01
□**estimated:** 推測の、推定の　N06, N11
□**eventual:** やがて起こる　N02
□**exist:** 存在する　N01

□ experience: 経験、体験；〜を経験する　N02

□ experiment: 実験をする　N11

□ explosion: 急増、爆発　N01

□ extremely: 極めて、非常に　N12

FGH

□ financial: 財政上の、金銭上の　N12

□ finite: 限定された　N01

□ flow: 流れ、流通　N03

□ focus on: 〜に焦点を合わせる　N07

□ form: 形態　N12

□ found: 〜を設立する　N10

□ fraction: わずか、ほんの一部　N12

□ fuel: 〜を推進する、促進する　N01

□ fungible: 代替（交換）可能な　N01

□ gear to: 〜を対象とする　N07

□ goods: 品物、商品　N03

□ grave: 由々しき、憂慮すべき　N05

□ handle: 〜に対処する　N06

□ harm: 害、悪影響　N05

□ harness: (自然力を) 利用する、役立てる　N12

□ healthcare: 医療 (の)、健康管理 (の)　N07, N11

□ highly: 非常に、高度に　N08

□ hit: (病気などが) 襲う　N09

□ hurt: 〜に損害を与える　N03

I J

□ idea: 考え、見解　N05, N12

□ identify: 〜を識別する、確認する　N08

□ improved: 改良された　N07

□ increase: 上昇、増加　N03

□ industry: 事業、産業　N07, N11

□ infection: 感染症　N08

□ infinitely: 無限に　N01

□ innovate : 〜を革新する、(新しい技術などを) 取り入れる　N09

□ interest: 関心、興味　N01

□ international standard: 国際基準　N05

□ intimidating: 怖い　N02

□ introduce: 〜を紹介する、引き合わせる　N10

□ investor: 投資家　N03

□ isolation: 孤立 (状態)、分離　N02

□ job: 仕事、職　N07

□ join: 〜に参加する、加入する　N10

□ just about: ほとんど、大体　N03

L

□ lab: 研究所、実験室 (＝ laboratory)　N08, N11

□ laptop: ノートパソコン　N11

□ largely: 大部分は、主に　N02

□ last: 続く、持続する　N03

□ lead to: 〜につながる、〜を引き起こす　N01

□ limited: 限られた　N07

MNO

□ magnetic: 磁石の、磁気の　N12

□ manually: 手作業で、手動で　N07

□ massive: 大規模な、極めて多い　N07

□ material: 材料、資材　N09, N11

□ measure: 〜を測定する　N11

□ million: 100 万　N01, N05

□ mixed reality: 複合現実　N07

□ modular: 組み立てユニットの、モジュール(式) の　N09

□ monitor: 〜を検査する、測定する　N11

□ neighbor: 隣人、隣国人　N05

□ nervousness: 緊張感、神経質　N02

□ network: (道路などの) 網状組織、ネットワーク　N12

□ non-profit organization: 非営利団体、NPO　N10

□ observe: 〜を観察する　N02

□ official: 当局者、高官　N05

□ opportunity: 機会、チャンス　N12

□ oppose: 〜に反対する　N05

PQ

□ pandemic: 世界的流行(病)、パンデミック　N02, N06, N08, N09, N10

□ patient: 患者　N11

□ period: 期間　N02

□ personal: 人柄の、人格の　N02

□ personally: 個人的には　N02

□ phenomenon: 現象、事象　N02

□ portable: 持ち運びできる　N09

□ positive: 前向きな、積極的な　N10

□ preparation: 準備、用意　N06

□ present: 存在して、出席して　N10

□ previous: 以前の　N08

□ product: 製品、商品　N09

- ☐ profound: 重大な、深い　N02
- ☐ prominent: 著名な、有名な　N03
- ☐ protracted: 長引く、長期化する　N02
- ☐ proud: 誇りに思う　N04
- ☐ psychologist: 心理学者、精神分析医　N02
- ☐ question: 疑問、問題　N03
- ☐ quote: 引用する　N05

R

- ☐ R&D: 研究開発（=research and development）　N12
- ☐ radioactive: 放射性の（ある）　N05
- ☐ rarefied: 高尚な、難解な　N01
- ☐ recognize: 〜を識別する、分かる　N08
- ☐ recycled: 再生利用する　N09
- ☐ re-entry: 再び入ること　N02
- ☐ relaunch: 〜を再開する、再出発させる　N06
- ☐ release: 〜を発表する、放出する　N05, N07
- ☐ remotely: リモートで、ネット経由で　N11
- ☐ represent: 〜を象徴する、意味する　N10
- ☐ restriction: 制限、制約　N06
- ☐ return: もとに戻ること、帰還、戻る、回復する　N02, N04
- ☐ revolutionize: 〜に革命を起こす、大変革を起こす　N12
- ☐ rise: （価格の）上昇　N01

S

- ☐ scarcity: 希少価値、欠乏　N01
- ☐ scent: におい、嗅覚　N08
- ☐ screen: 検査をする　N08
- ☐ shake: 〜を震撼させる、揺るがす　N01
- ☐ significant: 重要な、意義深い　N07
- ☐ space: 宇宙（空間）　N02
- ☐ spacecraft: 宇宙船　N04
- ☐ speech recognition: 音声認識　N11
- ☐ standard: 標準の、一般的な　N08
- ☐ stock: 株、株式　N03
- ☐ study: 研究　N08
- ☐ subject: テーマ、主題　N10
- ☐ supply: 供給（量）　N03
- ☐ sustainable: 持続可能な　N09

TU

- ☐ target: 対象（にする）　N07
- ☐ temporary: 一時的な　N03
- ☐ thanks to: 〜のおかげで　N11
- ☐ token: しるし、証拠　N01
- ☐ tons of: たくさんの、大量の　N12
- ☐ track: 〜を追跡する、監視する　N11
- ☐ transform: 〜を一変させる、変換する　N01, N09
- ☐ trash: ごみ、廃物　N09
- ☐ treat: 〜を処理する　N05
- ☐ truly: 全く、本当に　N04
- ☐ underway: 進行中で　N08
- ☐ unique: 固有の、独自の　N01
- ☐ unknown: 未知の、不明の　N03, N12
- ☐ unprecedented: 前例のない　N01

V

- ☐ vaccine: ワクチン　N02
- ☐ value: 〜を（高く）評価する；価値、値打ち　N01
- ☐ vast: 広大な　N04
- ☐ venue: 会場　N06
- ☐ virus: ウイルス　N08
- ☐ voice: 〜を表明する　N05

W

- ☐ waste: 廃棄物　N09
- ☐ work with: 〜と協力する、連携する　N09
- ☐ work: 作品、仕事、研究　N01, N08
- ☐ worth: 〜の価値がある、〜相当の　N11

オンラインサービス登録

下記のURLから（検索せずに、アドレスバーにURLを直接入力してください）、またはQRコードを読み取って、オンラインサービスの登録を行ってください。

https://www.asahipress.com/cnn10/fa21ag/

【注意】本書初版第1刷の刊行日（2021年9月25日）より1年を経過した後は、告知なしに上記申請サイトを削除したりデータの配布や映像視聴サービスをとりやめたりする場合があります。あらかじめご了承ください。

[MP3 音声 & オンラインサービス付き]
初級者からのニュース・リスニング
CNN Student News 2021 [秋]

2021年9月25日　初版第1刷発行

編集	『CNN English Express』編集部
発行者	原 雅久
発行所	株式会社 朝日出版社
	〒101-0065　東京都千代田区西神田 3-3-5
	TEL: 03-3263-3321　FAX: 03-5226-9599
	https://www.asahipress.com/
印刷・製本	図書印刷株式会社
DTP	株式会社メディアアート
英文校閲	Nadia McKechnie
編集協力	松本圭子（東邦大学・東京農工大学 非常勤講師）
音声編集	ELEC（一般財団法人 英語教育協議会）
ブックデザイン	阿部太一 デザイン